हमारे और अँधेरे के बीच

पोलिश-काव्य से चार मूर्द्धन्य

हमारे और अँधेरे के बीच

चार पोलिश कवि

अनुवाद

अशोक वाजपेयी
रेनाता चेकाल्स्का

वाणी प्रकाशन

वाणी प्रकाशन

'लोगो' वाणी प्रकाशन : मक़बूल फ़िदा हुसेन

वाणी प्रकाशन, 4695, 21-ए, दरियागंज, नयी दिल्ली-110002
वाणी प्रकाशन, अशोक राजपथ (पटना कॉलेज के सामने), पटना (बिहार)

HAMARE AUR ANDHERE KE BEECH
(Char Polish Kavi)
Translated by Ashok Vajpeyi
and Renata Czekalska

Poetry

ISBN : 978-93-5000-702-0

प्रथम संस्करण

मूल्य : 495/-

वाणी प्रकाशन
फोन : 0091#11#23273167, फोन व फैक्स 23275710
वेबसाइट : www.vaniprakashan.in
ई-मेल : vaniprakashan@gmail.com

जी.एस. ऑफसेट द्वारा दिल्ली-110032 में मुद्रित

हमारे और अँधेरे के बीच

इससे कौन इनकार कर सकता है कि मनुष्य हर समय अँधेरे और उजाले के बीच अपनी जगह की तलाश में भटकता रहता है। बीसवीं शताब्दी का उत्तरार्द्ध दूसरे महायुद्ध के भीषण नरसंहार के बाद भी बहुत सारी तानाशाहियों और अत्याचारों की गिरफ़्त में रहा। संसार भर की कविता ने युद्ध के बाद की राहत के ठण्डे उजाले में बढ़ते हुए अँधेरे को पहचानने की कोशिश की। इस कोशिश में आधुनिक पोलिश कविता ने दो तानाशाहियों और मनुष्य द्वारा मनुष्य पर की जा रही क्रूरताओं और मानवीय अपमान और विडम्बना और इतिहास के विद्रूपों का प्रतिरोध करने और उनके लिए मार्मिक रूपक गढ़ने का दुस्साहस किया। उसकी अजेय कल्पनाशीलता, अदम्य जिजीविषा और भाषा को सर्वथा अप्रत्याशित इलाकों में ले जाने की रचनात्मक क्षमता ने जो कविता रची वह विलक्षण, अप्रतिम और अत्यन्त मार्मिक है। उसमें संवेदना की गहराई और वैचारिक सघनता के बीच कोई फाँक नहीं है।

पोलिश विदुषी रेनाता चेकाल्स्का के साथ मिलकर ऐसे चार महाकवियों के हिन्दी अनुवाद अब एकत्र प्रस्तुत करते हुए प्रसन्नता है। संयोगवश 2011 चेस्लाव मीलोष की जन्मशती का वर्ष भी है।

अशोक वाजपेयी

अनुक्रम

कोई शीर्षक नहीं 221-320

वीस्वावा षिम्बोर्स्का की कविताएँ

जीवन के बीचोंबीच

तादेऊष रूज़ेविच की कविताएँ

खिड़की के अन्दर खिड़की

हिन्दी कविता में प्रभाव का भूगोल बढ़ना और बदलना यों तो पचास के दशक में शुरू हो गया था। लेकिन इस विस्तार और परिवर्तन ने अधिक ठोस रूप छठवें और सातवें दशकों में पाया। आज यह कल्पना करना थोड़ा बहुत कठिन है कि तब, जब टेलीविज़न और अन्य तत्पर संचारसाधन नहीं थे और विदेशी पुस्तकें भी कठिनाई से मिल पाती थीं, छोटे-छोटे हिन्दी शहरों और कस्बों के युवा कवियों ने कैसी उत्तेजना और आश्चर्य से, अंग्रेज़ी की अपेक्षाकृत अधिक जानी-मानी दुनिया से बाहर, यूरोप, विशेषतः तब के यूरोप के कवियों को खोजा-पाया था। इतिहास, सत्ता, क्रान्ति, परिवर्तन आदि की अनेक विडम्बनाओं से चैक, पोलिश, हंगारी आदि कवि कैसी चतुर साहसिकता, बेचैन पर अल्पकथित कल्पनाशीलता और एक तरह के गहरे-अवसन्न नियतिबोध के साथ जूझ रहे थे। इस उपक्रम में नये रूपाकार, नयी बिम्बमालाएँ, कविता के गठन के अनहोने शिल्प उभरे जिनका हम पर गहरा प्रभाव पड़ा। यह कहना अतिशयोक्ति न होगा कि इस कविता ने साझेदारी, हिस्सेदारी और मानवीय गरमाहट से हमें यह पाठ पढ़ाया कि अपनी दुनिया के सुख-दुख और अन्तर्विरोधों से दोचार होते हुए अपने समय में मनुष्य की स्थिति, उसके स्वप्नों और विडम्बनाओं के लिए हम कविता में जगह खोज-बना सकते हैं। हमें लगा कि कविता और रोज़मर्रा के जीवनयापन और संघर्ष में कोई दूरी होना ज़रूरी नहीं है। कविता हमारे अपने जीवन की वर्णमाला हो सकती है : हमारे समय का व्याकरण। अपनी नैतिक उलझनों, अपने ऊहापोह, अपने संकटों और झंझटों के वितान को समझने की पद्धति।

सन् उन्नीस सौ सत्तर के आस-पास पोलिश कवि तादेऊष

रूज़ेविच की कुछ कविताओं का अंग्रेजी अनुवाद कुछ पत्रिकाओं और पेंगुइन के एक प्रकाशन के माध्यम से भारत में पहली बार आया। उनके प्रति तुरन्त व्यापक आकर्षण इसलिए पैदा हुआ कि रूज़ेविच की कविता में सीधे सचाई के साथ-साथ असमंजस और विडम्बना का गहरा अकाट्य-अदम्य बोध भी है। 'घास' जैसी कविता पढ़ते और फिर उसे हिन्दी में अनूदित करते मुझे लगा था कि उसमें सीधी-सादी सचाई के अन्दर भिंदा एक बेचैन सच है जो एकदम से नज़र नहीं आता, पर कविता में प्रवेश करते ही खुलने लगता है मानो खिड़की के अन्दर एक और खिड़की दिखने लगे। स्वयं रूज़ेविच ने अपनी कविता को बरसों पहले एक इण्टरव्यू में 'एक आभ्यन्तर, खिड़की के अन्दर जड़ी हुई एक खिड़की' कहा था।

हिन्दी कविता उस दौर में थी जिसमें उसे व्यक्ति और समाज का युग्म सरलीकरण का एक संस्करण लगने लगा था और उसमें समय, सचाई और निजता को वह ऐसे विन्यस्त करना चाह रही थी कि यथार्थ का एक संश्लेष प्रगट हो जिससे व्यक्ति की भागीदारी और समाज की उपस्थिति और सक्रियता में दूरी या द्वैत न हो। यह वह समय भी था जब हमने यह पहचानना शुरू किया था कि सचाई को ध्रुवान्त पर देखना ईमानदार कविकर्म नहीं है और यह भी कि हमारे समय में महान लक्ष्यों और उनसे प्रेरित साहित्य में बहुत सारी दरारें और अन्तर्विरोध नज़र आने लगे थे। अपेक्षाकृत बन्द और सख़्त समाजों और व्यवस्थाओं में रहते हुए भी पूर्वी यूरोप के देशों से आ रही कविता दबी-सहमी कविता नहीं थी : न ही किसी तरह की निरुपायता उसमें थी, हालाँकि वह किसी तरह के खोखले आशावाद से मुक्त थी। उसमें न सिर्फ़ नये क़िस्म का कर्मसौन्दर्य था—सख़्ती से लेकिन पूरी ऐन्द्रियता में विन्यस्त। कविता एक विकल्प की तरह ठोस और सजीव जान पड़ती थी। उसमें आसपास का जीवन स्पन्दित था : उसमें सारी कट्टरताओं के बीच अपनी जिजीविषा को पोसने का जतन था। वह समय के सारे ध्वंसों से धूलधूसर होते हुए उत्तरजीवी कविता थी : कविता एक तरह का उत्तरजीवन थी।

जैसे भारत एक लोकतान्त्रिक देश के रूप में जटिल विश्व-स्थिति में विश्वयारी की कोशिश कर रहा था वैसे ही हिन्दी कविता विश्व-कविता की बिरादरी में शामिल होने का उद्यम अपनी

शर्तों पर और अपनी स्थानीयता और जातीयता में रस-बसी होकर करना चाह रही थी। यूरोप के बीचोंबीच से आ रही नयी कविता में उसे एक नयी बिरादरी नज़र आ रही थी। यह आकस्मिक या अकारण नहीं है कि तादेऊष रूज़ेविच की कविताओं का अनुवाद कुँवर नारायण जैसे वरिष्ठ कवि से लेकर हिन्दी के छह-सात कवियों ने किया जो कि आज की हिन्दी कविता के दृश्य के महत्त्वपूर्ण और ध्यानाकर्षक कवि हैं। वे दो से अधिक पीढ़ियों के हैं : वे रूज़ेविच से लगभग दस से लेकर तीस बरस उम्र में छोटे हैं। ये सभी अनुवाद स्वतः स्फूर्त भाव से निजी रुचि के कारण ही किये गये। वे किसी संस्था या प्रोजेक्ट के अन्तर्गत किये अनुवाद नहीं हैं। रूज़ेविच की कविता इतने सारे हिन्दी कवियों से संवाद कर सकी है यह प्रमाणित करता है कि इस कविता में कुछ ऐसा है जो निपट मानवीय, सहज सम्प्रेषणीय और निश्चय ही आत्मीय है। रूज़ेविच की कविताओं के हिन्दी अनुवाद का यह संचयन, कुछेक स्थानीय सन्दर्भों और बिम्बों को छोड़ दें तो, अपने रूपाकार, अभिप्राय और अन्तर्ध्वनियों, सम्बोधन और सम्प्रेषण में अनुवाद की कोई अटपटी पोथी नहीं बल्कि हिन्दी की अपनी एक पुस्तक है। उनकी कविताओं का कुछ मूल पोलिश से और अधिकांशतः अंग्रेज़ी अनुवादों से हिन्दीकरण किया गया है। पर अनूठी स्वाभाविकता और अन्तरंगता से हिन्दी के अपने काव्यसंसार में ये कविताएँ ऐसी घुलमिल गयी हैं मानो कि वे उसी की उपज हैं। यों पोलैण्ड भारत से काफ़ी दूर है : लेकिन इन कविताओं का देश अगर हमें 'इतने पास अपने', अपना पड़ोस जैसा लगता है तो इसमें रूज़ेविच की कविता के कौशल, उसकी अपार पदार्थमयता और, सारी हदों के पार, उसके आध्यात्मिक भूगोल की बड़ी भूमिका है। रूज़ेविच अगर अब हमारे हो गये लगते हैं तो सिर्फ इसलिए नहीं कि हमने उन्हें अपनी भाषा में रूपान्तरित किया है; इसलिए भी कि उनकी आत्मा के ताप, उनके जीने के कर्म की आभा और उनके शिल्प के सौष्ठव में ऐसा कुछ है जो उन्हें इतनी तात्कालिकता और उत्कटता से हमारा बन्धु बनाता है।

रूज़ेविच की कविता सबसे पहले वर्णन है : वह जो देखता

है उसका बखान करने की कोशिश कर उसका आशय खोजने की ओर बढ़ती है। चाहे वह 1945-46 के बीच लिखा यह कवितांश हो :

चूल्हे के पास
मैं देखता हूँ
पीड़ा की एक अजीबो-गरीब प्रतिमा
घिसी हुई चप्पलें पहने
एक पथरायी हुई माँ की
छोटी-सी टेढ़ी-मेढ़ी
नन्ही आकृति

दो फ़ैसले : अनु. नीलाभ

या 1968 में प्रकाशित उनके संग्रह से 'समकालीन प्रेम कविता का प्रारूप' का यह अंश :

झरने जैसा
पारदर्शी बखान
पानी का
प्यास का बखान है
राख का
रेगिस्तान
वह जागता है मरीचिका
बादल और वृक्ष प्रवेश करते हैं
दर्पण में

अभाव भूख
अनुपस्थिति
देह की
प्रेम का बखान है
समकालीन प्रेमकविता है

रूज़ेविच क्रैको में कला-इतिहास के छात्र रह चुके हैं। शायद इसलिए उनके देखने-बखानने की क्षमता विशेष-रूप से कविता में हमेशा सक्रिय है :

वह तीन स्वेटर पहने था
काला सफ़ेद और हरा
(सभी अपना रंग खो चुके)
वह एक बच्चे की तरह शान्त सो रहा था

हालाँकि रूज़ेविच की कविता की दुनिया साधारण रोज़मर्रा की ज़िन्दगी और उसमें हो रही गतिविधियों से बनी है, उससे हमारे समय की क्रूर सचाइयाँ बाहर नहीं हैं। वे आश्विट्ज़ के नाज़ी यंत्रणा-शिविर के संग्रहालय में रखी एक बच्ची की चुटिया को नहीं भूलते और न ही इस सीधी लेकिन मार्मिक सचाई को कि 'मेरा वध होना था/बच गया।' रूज़ेविच समय और इतिहास के सारे संहार के विरुद्ध साधारण के बचे रहने को बार-बार दर्ज़ करते कवि हैं। उनका असमंजस यह नहीं है कि अँधेरे और रोशनी में फ़र्क कैसे किया जाये : उनकी तलाश निरन्तर ऐसी कविता की रही है जो 'चीज़ों और भावनाओं को दे सके/फिर से उनका सही-सही नाम।'

कहा जाता है कि आधुनिक पोलैण्ड का इतिहास संक्षेप में बीसवीं शताब्दी का ही इतिहास है। उसमें उसका अंगभंग हुआ, उसे ध्वस्त किया गया, उस पर आततायी एकाधिपत्य थोपा गया, उसके हज़ारों लोगों को मौत के घाट उतार दिया गया, हज़ारों को देश से भागकर कहीं और शरण लेनी पड़ी। अंगभंग, ध्वंस, आधिपत्य, मृत्यु, यंत्रणा, देशनिकाला, शरण लेकिन इन सबके बरक्स गहरी और अदम्य जिजीविषा भी। इस दौरान की महत्त्वपूर्ण पोलिश कविता इतिहास और नियति की असंख्य क्रूरताओं का शान्त, संयमित और विडम्बनापूर्ण प्रतिरोध रही है। रूज़ेविच की कविता भी किसी तरह के महिमामण्डन या ऐतिहासिक नाटकीयता से बराबर दूर रही है। उसने अपने समय के धूसर और अक्सर लहूलुहान सच को निपट साधारण जीवन में बार-बार पाया और व्यक्त किया है। वह गवाह है तो दूर खड़ी वारदातों को देखती-परखती गवाह नहीं वह अक्सर जीवन के बीचोंबीच जाकर, उसकी आँच और ताप में झुलसकर भी, गवाही देने की हिम्मत करती कविता है। उसमें कोई वीरगाथा नहीं है : वह साधारण की गाथा है। स्वयं कविता अपने आप उत्तरजीविता और साहस का रूपक है। वह बचे रहने की जितनी उपमा है उतनी ही रूपक है बचा सकने की चेष्टा का भी।

यहाँ तादेऊष रूज़ेविच के विशाल और कई दशकों में फैले

कविता-संसार का समग्र आकलन करना न ही सम्भव है और न ही ज़रूरी। इतना भर कहना काफ़ी है कि उनकी हिन्दी में यह किंचित व्यवस्थित उपस्थिति पोलिश कविता में उनके क़द और महत्त्व के अनुरूप अगर उनकी दृष्टि, संवेदना और अनुभवों को, थोड़े में, अगर किसी हद तक रूपायित कर पायी है तो इस उपक्रम की सार्थकता है।

यह संचयन हिन्दी विदुषी और अनुवादिका डा. रेनाता चेकाल्स्का के अथक जतन और सहयोग से ही सम्भव हो पाया है। हम उनके प्रति और प्रकाशन में सहयोग के लिए पोलिश दूतावास के प्रति अपनी कृतज्ञता व्यक्त करते हैं। हमें उम्मीद है कि यह ख़बर पोलैण्ड में फैलेगी कि उनके एक मूर्धन्य कवि तादेऊष रूज़ेविच को हिन्दी में आत्मसात कर अपना एक सम्मान्य नागरिक बना लिया है। हिन्दी में अब एक खिड़की ऐसी खुल गयी है जिसमें से रूज़ेविच की कविता की रौशनी आ रही है।

अ वा

वापसी

अचानक खिड़की खुल जाएगी
और माँ पुकारेगी
अन्दर आने का वक़्त हो गया

दीवार फटेगी
मैं कीचड़-सने जूतों में
स्वर्ग-प्रवेश करूँगा

मैं मेज़ पर आऊँगा
और सवालों के ऊलजुलूल जवाब दूँगा

मैं ठीक-ठाक हूँ मुझे अकेला
छोड़ दो। सिर हाथ पर धरे मैं बैठा हूँ –
बैठा हूँ। मैं उन्हें कैसे बता सकता हूँ
उस लम्बे उलझे रास्ते के बारे में?

यहाँ स्वर्ग में माँएँ
हरे स्काफ़ बुनती हैं

मक्खियाँ भिनभिनाती हैं

पिता ऊँघते हैं स्टोव के बगल में
छह दिनों की मेहनत के बाद।

न, निश्चय ही मैं नहीं कह सकता उनसे
कि लोग एक
दूसरे का गला काटने पर उतारू हैं।

झोंटा

जब सारी स्त्रियों की
जो गाड़ी से लायी गयी थीं मुँड़ाई हो चुकी
तो चार मज़दूरों ने भूर्ज की टहनियों से बने झाड़ू से
बुहारा और
बाल इकट्ठा किये

साफ़ काँच के नीचे
रखे हैं उनके सख़्त बाल जिनका दम घुटा
गैस-चैम्बरों में
जिन बालों में फँसी हुई हैं पिनें
और हड्डियों से बनी कंघियाँ

रोशनी उनके पार नहीं जाती
हवा उन्हें अलगा नहीं पाती
हाथ उन्हें नहीं छूते
न बारिश, न ओंठ

बड़े-बड़े सन्दूकों में
घुमड़ते हैं सूखे बाल
दम-घुटों के
और एक बदरंग झोंटा
फ़ीते से बँधी एक झुँटिया
जिसे स्कूल में खींचते थे
शरारती लड़के।

ऑश्विट्स संग्रहालय 1948

दरवाज़ा

लाल शराब का एक प्याला
एक मेज़ पर टिका हुआ
एक अँधेरे कमरे में

खुले दरवाज़े से
मैं देखता हूँ बचपन का एक दृश्यालेख
एक रसोईघर और एक नीली केतली
पवित्र हृदय
माँ की पारदर्शी छाया

बाँग देता मुर्गा
एक सुडौल शान्ति में

पहला पाप
एक नन्हा सफ़ेद बीज
एक हरे फल में कोमल
कड़वा-सा

पहला शैतान गुलाबी है
और अपने गोलार्द्ध घुमाता है
छींटदार रेशमी पोशाक में
रोशन दृश्यालेख में
एक तीसरा दरवाज़ा
खुलता है
और उसके पार धुँधलके में
पीछे की तरफ़

ज़रा सा बायें को
या फिर बीचोंबीच

मैं देखता हूँ
कुछ नहीं।

1966

समकालीन प्रेम कविता के लिए एक प्रारूप

हालाँकि सफ़ेद का
सबसे अच्छा बखान भूरे से होता है
चिड़िया का पत्थर से
सूरजमुखी
दिसम्बर में

पुराने समय में प्रेमकविताएँ
देह का बखान करती थीं
इसका या उसका
उदाहरण के लिए बरौनियों का

हालाँकि लाल का बखान
किया जाना चाहिए
भूरे से सूर्य का वर्षा से
पोस्त के फूल नवम्बर में
रात में ओंठ

सबसे मूर्त बख़ान
रोटी का
बखान है भूख का
उसमें है आर्द्र छिद्रमय केन्द्र
एक उष्ण अन्तरंग
रात में सूरजमुखी
मातृका किबेले के उरोज उदर जंघाएँ

झरने जैसा

पारदर्शी बखान
पानी का
प्यास का बखान है
राख का
रेगिस्तान
वह जगाता है मरीचिका
बादल और वृक्ष प्रवेश करते हैं
दर्पण में

अभाव भूख
अनुपस्थिति
देह की
प्रेम का बखान है
समकालीन प्रेमकविता है

ग्रीष्म 1963

घास

मैं उग आती हूँ
दीवारों के कोनों पर
जहाँ वे जुड़ती हैं
वहाँ जहाँ वे मिलती हैं
वहाँ जहाँ वे धनुषाकार होती हैं

वहाँ मैं रोप देती हूँ
एक अन्धा बीज
हवा से बिखराया हुआ

धीरज से फैल जाती हूँ
ख़ामोशी की दरारों में
मैं प्रतीक्षा करती हूँ
दीवारों के धराशायी होने
और धरती पर लौटने की

तब मैं ढाँप लूँगी
नाम और चेहरे।

1962

तारों को क्या होता है

जब लड़का था
जब युवा था
मैं सोचता था कि तारों के
सिर्फ़ सतह होती है

चिकनी त्वचा
त्वचा में मुँह
मुँह में बहुत सारे
दमकते सफ़ेद दाँत

कि उनके कई उभार और गोलाइयाँ हैं
और जाने क्या-क्या
बाल दाँत गर्दन
घुटने वगैरह-वगैरह

मैंने एक दिन खोला
शरीर-रचना का एटलस
मैंने तारे का अन्तरंग देखा

मुझे अचम्भा हुआ
इतने सारे अतिरिक्त अंग देखकर

एक दफ़ा मुझे पता चला
एक तारे का सत्तर प्रतिशत
पानी का बना होता है
इतना पानी! मुझे इसने
धक्का पहुँचाया : मैं पानी हुआ

अपने बुढ़ापे के बरसों में
मैंने ग़ौर किया कि तारे
बूढ़े होते हैं झुर्राते हैं सिकुड़ते हैं
गिर पड़ते हैं

वे विज्ञप्त करते हैं साबुन मक्खन
टूथपेस्ट
सैनिटेरी पैड्स डैनड्रफ़
कॉस्मेटिक्स
ताज़ा साँस
वगैरह वगैरह

अगर यह नहीं था
काफ़ी
वे कविताएँ लिखते हैं

वर्चुअल रिएलिटी में
अगले पुस्तक-मेले
फ्रेंकफर्ट में
वे भयानक रूप से सफल होंगे
यह सब भविष्यकथन है
तारे पढ़ते हुए
बूढ़े कवि का

1996

होमवर्क

होमवर्क
युवा कवि के लिए

पेरिस का बखान मत करो
न ल्वोव न क्राको का

अपने चेहरे का बखान करो
याददाश्त से
आईने से नहीं

आईने में तुम ग़लती कर सकते हो
सच और उसके प्रतिबिम्ब में

बखान मत करो फ़रिश्ते का
आदमी का बखान करो
जिसके पास से कल तुम गुज़रे थे

बखान करो अपने चेहरे का
मुझसे साझा करो
उसके बदलते भावों को

मैंने नहीं पढ़ा है
पोलिश कविता में
कोई अच्छा आत्मचित्र

वरिष्ठ कवि

चेस्लाव मीलोष के लिए

एक बेंच पर बैठता है
चश्मा उतारता है
आँखें बन्द करता है

चश्मा पोंछता है
अख़बार खोलता है आस-पास नज़र डालता है
बन्द करता है उठता है

सन्तुलन गड़बड़ाता है
छड़ी पर झुकता है
इबादत पढ़ता है
बेंच के पीछे लिखी हुई

चलता है अपने से बतियाता है

गप लगाता है दिवंगत
कवियों से

दो स्त्रियाँ
पास आती हैं
पूछती हैं कि क्या बाइबिल पढ़ते हैं
क्या नरक में भरोसा है
संसार के अन्त और धरती पर स्वर्ग में

मुस्कराता है और सिर हिलाता है

अपनी बढ़ी आयु में पसन्द है
बात करना उन लोगों से
जो चुप रहते हैं

दूर जाता है
बेंच पर बैठता है
बादलों को निहारता है
फिर आता है
एक कौआ
वह काले पंख से बुहारते हुए
बन्द करता है
उसके ओठों को
और उड़ जाता है।

1996

* * *

कवि वोद्का क्यों पीते हैं

पीते हैं क्योंकि जानते हैं
उनके अन्दर क्या घुसा बैठा है
और अब भी उनके अन्दर से
क्या बाहर आ सकता है

पीते हैं क्योंकि सुनते नहीं हैं
जो दूसरे उनसे कहते हैं
और वह भी जो कहते हैं
अपने से खुद

पीते हैं क्योंकि फेंकना चाहते हैं कीचड़
एक साथी पर जो लिखता है
जब नशे में नहीं होते
इतने भद्र होते हैं

आईने के बरक़्स पीते हैं क्योंकि उन्हें डर है
कि वे उसमें कोई दूसरा देखेंगे
बेहतर और 'सुन्दरतर'
आईने, दीवार पर आईने,
सबसे गोरा कौन है ...
पीते हैं क्योंकि जानते हैं कि वे क्या
लिख चुके
और नहीं जानते कि क्या और
अभी लिखेंगे

1996

मैंने उसे देखा

वह एक बेंच पर सोया था
उसका सिर टिका था
एक प्लास्टिक थैले पर

वह एक बैंगनी रंग का कोट पहने था
पुराने पायदान की तरह लगता हुआ

उसके सिर पर एक पल्लेदार हैट था
हाथों पर किरमिज़ दस्ताने
जिससे निकली हुई थी एक उँगली
तर्जनी और एक और
(जिसका नाम मैं भूल गया)

मैंने उसे एक पार्क में देखा

एक लकड़ी से बँधे
एक नंगे छोटे वृक्ष
बीयर के एक खाली टिन
जंगली गुलाब की झाड़ी पर
लटके हुए सैनिटेरी पैड के बीच
वह तीन स्वेटर पहने था
काला सफेद और हरा
(सभी अपना रंग खो चुके)
वह एक बच्चे की तरह शान्त सो रहा था

मैंने अपने दिल में महसूस किया

(सोचा नहीं महसूस किया)
कि यही है वह
जो धरती पर जीसस का प्रतिनिधि है

हो सकता है कि ईश्वर का बेटा स्वयं
मैं उसे छूना
और पूछना चाहता था
क्या तुम पीटर हो?

लेकिन इतनी शर्त मुझ पर
हावी हो गयी
और मैं ख़ामोश रहा

उसका चेहरा ढँका था
ललछौंही दाढ़ी के गुच्छों से

मैं उसे जगाना चाहता था
और एक बार फिर पूछना चाहता था
क्या है सच

मैं उस पर झुका
उसकी साँस में सड़ाँध थी
मुख
विवर से

फिर भी कुछ था जो मुझे जता रहा था
कि वह ईश्वर का बेटा है

उसने आँखें खोलीं
और मुझे देखा

मुझे समझ में आया कि वह सब कुछ समझता है

मैं रुख़सत हुआ चकराता हुआ

मैं अलग जा रहा था
मैं भाग रहा था

घर में मैंने अपने हाथ धोये।

तादेऊष रूज़ेविच, कवि, गद्यकार, नाटककार और निबन्धकार। उनका जन्म रादोम्स्को में 9 अक्टूबर, 1921 को हुआ। वहीं उन्होंने अपनी आरम्भिक शिक्षा पूरी की। 1938 में परिवार की खराब माली हालत की वजह से उन्हें अपनी स्कूली पढ़ाई बीच में ही रोक देनी पड़ी। ऑफिसर कैडेट्स के एक स्कूल में 1942 में उन्होंने अपराध से सम्बन्धित एक पाठ्यक्रम पूरा किया। 1943-44 में उन्होंने भूमिगत पोलिश नेशनल आर्मी[1] की पाँतों के साथ मिलकर हिटलर की जर्मन सेना के विरुद्ध संघर्ष किया। उन्होंने 'सशस्त्र कार्रवाई' नाम की एक भूमिगत पत्रिका का सम्पादन भी किया। 1944 में (छद्मनाम सैटयर से) उनकी कविताओं और कहानियों का एक संग्रह *जंगल की गूँजें* प्रकाशित हुआ (जो एक डुप्लिकेटर पर छपा था)। द्वितीय विश्वयुद्ध के बाद 1945 में उन्होंने अपनी माध्यमिक शिक्षा पूर्णता की परीक्षा (मैच्यूरिटी एक्ज़ामिनेशन) पास की और फिर क्रैको के (जहाँ वे उस वक्त रहते थे) याग्येलोन्यन विश्वविद्यालय में कला के इतिहास का अध्ययन आरम्भ किया। 1946 में उनका एक व्यंग्य-संग्रह *चम्मच भर पानी* (कविता और कहानी) प्रकाशित हुआ। 1949 से वे ग्लिवित्से में रहने लगे। 1968 से वे व्रोत्स्लाव में रह रहे हैं। उन्होंने अनेक यात्राएँ की हैं जिनमें इटली, फ्रांस, इंग्लैंड और अमेरिका की यात्राएँ शामिल हैं।

अपने साहित्यिक अवदान के लिए उन्हें अनेकानेक पुरस्कार मिले हैं जिनमें शामिल हैं : *क्रैको नगर का अलंकरण* (1959), *कला और संस्कृति-मंत्री का अलंकरण* (1962), *राष्ट्रीय अलंकरण* (1965), *व्रोत्स्लाव नगर का अलंकरण* (1973), जर्मनी की ओर से *सिलेसिया का प्रमुख सांस्कृतिक अलंकरण* (1994) और *'गज़ेटा वीबोर्चा*[2] और बैंकिंग तथा आर्थिक समुदाय की ओर से *नीके* (2000)। उनकी चालीस से अधिक पुस्तकें प्रकाशित हैं और उनका अंग्रेजी, जर्मन, फ्रेंच, इटालियन, रूसी, चेक, स्लोवाक, सर्बियन, क्रोएशियन, स्लोवेनियन, ग्रीक, मेसेडोनियन, जॉर्जियन, डच, हंगारियन, स्वीडिश, फिनिश, डेनिश समेत बीस से अधिक भाषाओं में अनुवाद भी हो चुका है। उन्हें वारसा विश्वविद्यालय और क्रैको के याग्येलोन्यन विश्वविद्यालय ने डाक्टरेट की मानद उपाधि से भी विभूषित किया है।

कलात्मक दृष्टि से महत्त्वपूर्ण माने जानेवाले उनके पहले कविता-संग्रह 'अशान्ति' का प्रकाशन 1947 में हुआ। पद्यात्मक नवीनता[3], बोलचाल का ग्राम्य लहजा, भाषागत मितव्ययिता, रूपकों से रहित, वक्तृत्वपूर्ण और चिन्तनशील आन्तरिक एकालाप : ये उनकी कविताओं की रूपगत विशिष्टताएँ हैं और अपने पहले संग्रह में उन्होंने इन गुणों को समाहित करनेवाली सभी कविताओं को शामिल

किया। मुक्त छन्द के माध्यम से उन्होंने उस व्यक्ति जीवन के सम्पूर्ण नाटक को व्यक्त करने में सफलता प्राप्त की जिसने युद्ध, अकेलेपन और अजनबीपन के अहसास को झेला था। आगे चलकर ये भयावह विषय ग्राम्य जीवन की काल्पनिक आनन्दानुभूति और प्रचारात्मक अभिप्रायों से घुल-मिल जानेवाले थे। इन्होंने मनुष्य की क्रूरता के विरुद्ध कवि का प्रतिरोध अभिव्यक्त किया। विभिन्न कलात्मक विधियों के इस कोलाज-से सहमेल में उन्होंने ऐसी कविता का सृजन किया जो बीसवीं सदी के उत्तरार्द्ध में रहने वाले मनुष्य के मूलभूत, सार्वज़नीन प्रश्नों को परिभाषित करती थी।

1955 में *'वृक्षों से पत्तियाँ झर चुकी हैं'* शीर्षक से उनकी कहानियों का एक संकलन प्रकाशित हुआ जिसमें भूमिगत युद्ध और साथ ही साथ दार्शनिक चिन्ताओं को भी विषय बनाया गया था। ये ही सूत्र आगे *'बाधित परीक्षा'*, (1960) और *'एक अजायबघर का सैरसपाटा'* (1966) में भी पाये जाते हैं। अपनी विषयवस्तु के क्षेत्र को और विस्तारित करते हुए उन्होंने *'प्राचीन अलंकरणों में मौत'* (1970), *'एक लेखक के साथ एक शाम की तैयारियाँ'* (1971), *'माँ विदा लेती है'* (2000) जैसे गद्य-संग्रह प्रकाशित किए। अन्तिम दो गद्य-रचनाओं में विधाओं का मिश्रण-सा है जिससे एक मौलिक संरचनात्मक गढ़न पैदा होती है।

1960 में उन्होंने *'फ़ाइल'* नामक नाटक लिखा और इससे उनके यथार्थवादी और साथ ही काव्यात्मक नाट्य की अपनी दृष्टि का आभास होना शुरू हुआ। उसके बाद उनके अन्य नाटक प्रकाशित हुए : *'लाओकोन का झुंड'* (1962), *'हमारी छोटी स्थिरता'* (1964), *'नन्हा मज़ेदार बूढ़ा'* (1965), *'उसने घर छोड़ा'* (1965), *'नाट्य-कृतियाँ'* (1966), *'सेवइयाँ और तलवार'* (1967), *'मेरी नन्ही बेटी'* (1968), *'रंगमंचीय नाटक'* (1972), *'चारों पाँवों पर'* (1972), *'श्वेत विवाह'* (1974)। रंगमंच की अपनी अवधारणा की व्याख्या को उन्होंने अपने दो निबन्ध-संग्रहों में शामिल किया है : *'अवरुद्ध अभिनय'* (1970) और *'असंगतियों का रंगमंच'* (1970)।

रूज़ेविच ने फ़िल्मों के लिए पटकथाएँ भी लिखी हैं जिन्हें उनके भाई स्तानिस्लाव रूज़ेविच ने निर्देशित किया। वे लिपोल्ड स्टाफ़फ़[4] (1964) और यूज़ेफ़ चेहोविच[5] (1967) की चुनी हुई रचनाओं के सम्पादक भी हैं।

1. दूसरे विश्वयुद्ध के दौरान पोलिश नेशनल आर्मी भूमिगत रूप से वहाँ की सरकार के समर्थन में कार्य कर रही थी।
2. वारसा से प्रकाशित एक महत्त्वपूर्ण दैनिक जिसका प्रकाशन 1989 से हो रहा है।
3. परम्परागत रूप से छन्दबद्ध कविताओं में तीन प्रकार से भेद किया जाता रहा है : मात्रिक, वर्णमात्रिक और वर्णिक।
4. लिपोल्ड स्टाफ़फ़ (1878-1957), पोलिश कवि, नाटककार, अनुवादक। आरम्भ में आधुनिकतावादी थे पर बाद में शास्त्रवादी के रूप में जाने गये। उनके गीतों और रूज़ेविच की कविताओं में समानता पायी जाती है।
5. यूज़ेफ़ चेहोविच (1903-1939), पोलिश कवि, पोलिश अवाँगार्द कविता के प्रणेताओं में एक।

खुला घर

चेस्लाव मीलोष की कविताएँ

कविता का खुला घर

कविता का एक उपयोग यह है कि वह हमें याद दिलाता है
कि कितना कठिन है वही व्यक्ति बने रहना
क्योंकि हमारा घर खुला है, दरवाज़े में कोई चाबी नहीं,
और अदृश्य अतिथि अपनी मरज़ी से आते-जाते हैं।

जो मैं कह रहा हूँ, मानता हूँ, काव्य नहीं है
क्योंकि कविताएँ कम ही झिझकते हुए लिखने दी जाती हैं,
असह्य लाचारी में और सिर्फ़ इस उम्मीद से,
कि मंगलकारी शक्तियाँ, अशुभ नहीं, हमारा औजार की तरह
उपयोग करें।

संसार में अनिवार्य रूप से मौजूद बुराई और मानवीय यातना को अपनी कविता के केन्द्र में रखने वाले पोलिश कवि चेस्लाव मीलोष बीसवीं शताब्दी के उत्तरार्द्ध में विश्व-कविता के अधिकतर उलझे परिदृश्य में एक अनिवार्य नाम रहे हैं। इस समय वे सम्भवतः विश्व-कविता के सबसे जेठे सक्रिय कवि हैं। पोलिश कविता, अपनी सारी विविधता-जटिलता-मानवीयता के बावजूद, भारत में हमारे लिए और सम्भवतः सारे विश्व में, बन्द सचाई रहती अगर सौभाग्य से कई दशकों पहले हमें मीलोष की कविताएँ पहले पहल अंग्रेज़ी अनुवाद में पढ़ने न मिली होतीं। इसमें कोई सन्देह नहीं है कि अपनी भाषा की आधुनिक कविता को विश्व-परिदृश्य में लाने और प्रतिष्ठित करने का जो उद्यम मीलोष ने किया उसने एकबारगी उस परिदृश्य को बदल दिया। ज़ाहिर है यह निरा मातृभाषा का प्रेम न था। उसके पीछे मीलोष का यह गहरा आत्मविश्वास शामिल था कि पोलिश कविता में कुछ अद्वितीय, मानवीय और कलात्मक रूप से सार्थक हो रहा है। अधिकांशतः अंग्रेज़ी और यूरोप की कुछ प्रमुख भाषाओं की कविता तक महदूद

विश्व-कविता का इस तरह अत्यन्त उत्तेजक और दूरगामी परिवर्द्धन शुरू हुआ जिसमें पहली बार हमने आश्चर्य और उत्साह से पोलिश, चैक, हंगारी आदि की कविता, उनका उजला और सक्रिय वितान जाना। सारे विश्व में क़विता के भूगोल में यह परिवर्तन निर्णायक सिद्ध हुआ है। बल्कि यह कहना अनुचित न होगा कि स्वयं विश्व-कविता की धारणा को विश्व-साहित्य में ठोस ढंग से परिभाषित और प्रतिष्ठित करने में मीलोष की महत्त्वपूर्ण भूमिका असन्दिग्ध रही है।

सम्भवतः अपनी जातीय ईसाई परम्परा से मीलोष ने मनुष्य में अनिवार्यतः मौजूद बुराई का जो तीख़ा अहसास पाया था उसे पोलैण्ड में पहले नाज़ी और बाद में साम्यवादी तानाशाहियों द्वारा दमित-शोषित किये जाने के दुखद ऐतिहासिक अनुभवों ने मीलोष को इस बुराई को उसकी सारी विकृतियों और उसमें लोगों की दुर्भाग्यपूर्ण साझेदारी या उनके बारे में अवसरवादी चुप्पी के साथ नजदीक से देखने-समझने का अवसर दिया। कविता उनके लिए इसके विरुद्ध संघर्ष की रणभूमि बनी। सौभाग्य से इसने उन्हें कविता को महिमामण्डित करने का प्रलोभन नहीं दिया। वे पोलिश कविता के नायक और उन्नायक दोनों ही बने रहे लेकिन उनकी कविता किसी तरह के बड़बोलेपन या हीरोइक्स से मुक्त रही। बल्कि वे बार-बार कविता की सीमाओं पर विचार करते हैं। उनमें अपनी कविता में यह कह सकने की बेबाकी है :

मैं जानता था कि मेरे जैसे छुटभैये के लिए क्या बचा है :
तुच्छ आशाओं का मौज, घमण्डियों का जमावड़ा,
कुबड़ों का टूर्नामैण्ट, साहित्य।

मीलोष ने लगातार कविता के उपयोग को लेकर अपना ईमानदार सन्देह व्यक्त किया है :

वह कविता क्या है जो नहीं बचाती
देशों या लोगों को?
सरकारी झूठों में साझा,
पियक्कड़ों का गीत जिनके गले पल भर बाद क़लम कर दिये जाएँगे,
कुँवारी लड़की के कमरे में किये गये पाठ।

यह नहीं कि मीलोष यह नहीं जानते कि अनेक समाजों में,

विशेषतः उनमें जिनमें राजनैतिक दमन और अत्याचार का वर्चस्व हो जैसा दशकों तक पोलिश समाज में रहा, कविता मनुष्य की विडम्बनाओं का दस्तावेज़ होने के साथ-साथ एक तरह का अतिजीवन भी रही है। लेकिन कविता की यह अतिजीविता साधारण लोगों की अतिजीविता की कोशिशों से अलग नहीं की जा सकती : उसमें मीलोष वैसी ही चतुराई, दुचित्तापन और विडम्बना देख पाते हैं। एक बातचीत में उन्होंने मुझसे कहा कि "यातना... मेरी कविता और विश्वदृष्टि के केन्द्र में रही है। लेकिन मैं सिर्फ़ मानवीय यातना पर एकाग्र नहीं होना चाहता हूँ। मुझे लगता है कि मुझमें कुछ पूर्वी तत्त्व हैं और मैं यातना को सभी जीवित प्राणियों से जोड़ता हूँ।" मीलोष के यहाँ कविता उनकी मानवीयता का विस्तार है। वह मानो हमें बार-बार, सन्दर्भ चाहे यातना का हो, चाहे प्रेम का, चाहे बुराई की शक्ति का, मनुष्य ही नहीं मनुष्य के पड़ोस में ले भी जाती है।

2

1911 में जन्मे मीलोष पिछली शताब्दी में उन महान लेखकों में से हैं जिन्हें लगभग सारी जिन्दगी अपने देश और भाषा से निर्वासित रहना पड़ा है लेकिन जिन्होंने इस देश निकाले को अपनी, अपने समय में मनुष्य की स्थिति को थोड़ा दूर से समझने और विन्यस्त करने में इस्तेमाल किया है। अपनी ज़िन्दगी के अन्तिम चरण में, 92 वर्ष की परिपक्व आयु प्राप्त कर, वे इन दिनों पौलेण्ड की सांस्कृतिक राजधानी क्राकूव में रहते हैं। उल्लेखनीय यह है कि उन्होंने अपनी सत्तर बरसों की सृजन-सक्रिय अवधि में, जिसमें से चालीस से अधिक बरस अमरीका के बर्कले विश्वविद्यालय में स्लाव भाषा और साहित्य पढ़ाते बीते, अपनी भाषा पोलिश में ही लिखा—सैकड़ों कविताएँ और काफ़ी मात्रा में गद्य भी। यह आकस्मिक नहीं है कि उनकी एक प्रसिद्ध काव्योक्ति है : 'भाषा मेरा माप है।' उनकी अदम्य जिजीविषा का प्रमाण यह है कि वे अब तक लिख रहे हैं—इन दिनों बोल कर लिखाते हैं—और उनका पहला कविता-संग्रह उनके इक्कीस वर्ष का होने के पहले प्रकाशित हो गया था जबकि उनकी लम्बी कविता 'आरफ़ियस और यूरोडिसी' वर्ष 2002 में प्रकाशित हुई है।

अपने नोबेल व्याख्यान में मीलोष ने इसरार किया है कि वे यूरोप की सन्तान हैं पर उस दूसरे यूरोप की जिसके निवासी अँधेरे के हृदय में उतरने को विवश थे। भले सिमोन वील के अनुसार "दूरी सुन्दरता की आत्मा होती है", मीलोष की अपने देश से भौगोलिक दूरी ने उन्हें कभी अपने समय की सचाइयों से दूर नहीं रखा। बल्कि वे सचाइयाँ, अनेक प्रलोभनों का प्रतिरोध, जिनमें स्वयं सचाई और इतिहास का सरलीकरण करना भी एक बड़ा प्रलोभन था, और अनेक अतिरेकों से घिरे रह कर भी मानवीय विवेक की सक्रियता उनकी कविता के केन्द्र में रही है। इतिहास के भयानक विवर्त में फँसे और अपनी स्मृतियों को घाव की तरह लिये हुए मीलोष एक ऐसे कवि हैं जिन्होंने एक तरह के आध्यात्मिक सन्तुलन की खोज अपनी कविता के माध्यम से की है। उनकी कविता बार-बार हमारे समय में बुराई की शक्तियों द्वारा लोगों के पोषक सम्बन्धों जैसे परिवार, धर्म, पड़ोस, साझी विरासत के ध्वंस की चेष्टाओं के प्रति सचेत रहने की कविता है। उसमें पोलैण्ड में नाजियों द्वारा किये गये यहूदियों के नरसंहार और साम्यवादी सत्ता द्वारा किये गये दूसरे संहारों की तीखी स्मृति सदा सक्रिय है। मीलोष की कविता साहस और निर्भीकता के साथ गवाही देने वाली कविता है जिसमें यह उम्मीद शामिल है कि सर्वनाश असम्भव है, कि मनुष्यता अन्ततः अपराजेय, कि कविता स्वयं भाषा और मानवीय संवेदना का अति जीवन है, कि बचना और बचाना सम्भव है, कि इस ख़ूँख़ार हत्यारे समय में आशा और आस्था आवश्यक हैं।

क्राकूव में मैं मई-जून 2003 में दो बार मीलोष से मिला। वे एक बूढ़े धीरोदात्त नायक की तरह हैं—उन्हें 'आधुनिक पोलिश कविता का राजा' माना जाता है। उनमें सहज विनोद भाव है। उन्हें यह जानकर अचरज होता है कि उनकी कविता और गद्य के बारे में भारतीय साहित्य-समाज में काफ़ी परिचय और उत्सुकता है। उनमें जीवन के प्रति उतनी ही सहज आसक्ति है जितनी मनुष्यता के चरम प्रश्नों के प्रति स्वाभाविक जिज्ञासा। वे मानते हैं कि 'कविता ज़रूरी तौर पर अस्ति के पक्ष में और शून्यता के विरुद्ध होती है।' एक समय कविता को 'आखिरी परकोटा' मानने वालो मीलोष कहते हैं कि 'भाषा में लय आखिरी परकोटा है। ...भाषा की लय बचाव का एक तरीका भी है।'

3

आयरिश कवि सीमस हीनी ने, जो स्वयं नोबेल पुरस्कार प्राप्त हैं, चेस्लाव मीलोष की कविता के बारे में यह कहा है कि वह सचाई के सिद्धान्त और आनन्द के सिद्धान्त के बीच सन्तुलित है : वह आनन्द भी देती है और सीख भी। इस अर्थ में मीलोष को उनकी गहरी और अदम्य रूमानियत के बावजूद एक शास्त्रीय कवि कहा जा सकता है। उनकी कविता का रेंज व्यापक और विविध है—उसमें महाकाव्य जैसा विस्तार है। उसके केन्द्र में है एक तरह की उदास समझ। यह समझ निश्चित ही पिछली शताब्दी में हुए अतिचारों और उनके हश्र से उपजी-पुसी है। पर कहीं न कहीं उसमें कवि की भूमिका की प्राचीन अवधारणा भी शामिल है। कवि के पास अनुभवों और अन्तर्दृष्टि का एक ऐसा पवित्र कोष है जो उसकी अभिव्यक्ति को सारी खूँखार और मैली सचाइयों के बरक़्स एक तरह का उजलापन देता है। वह मानो निपट मानवीय को हमारे समय में, उससे कुछ ऊपर बनाने की ओर ढकेलता है। अपने ब्यौरों में कविता निजी ज़िम्मेदारी का बखान करती और उसे चरितार्थ करती है। मीलोष की कविता इस अर्थ भर में सामाजिक नहीं है कि वह पिछली शताब्दी की प्रायः सभी बड़ी घटनाओं से प्रतिकृत हुई है बल्कि इस अर्थ में भी कि वह कठिन से कठिन और अँधेरे से अँधेरे समय में निजी ज़िम्मेदारी की आत्मीय, भले कई बार टिमटिमाती, रोशनी से दीप्त होती रही है। वह सामाजिक है क्योंकि वह अचूक रूप से नैतिक है।

4

हमने ये अनुवाद (मूलतः अंग्रेज़ी में लिखी एक कविता को छोड़कर) मूल पोलिश से मिलजुल कर किये हैं। मुझे पोलिश भाषा नहीं आती है लेकिन क्राकूव की हिन्दी विदुषी डॉ. रेनाता चेकाल्स्का पोलिश के अलावा हिन्दी अच्छी तरह जानती हैं। इस अनुवाद में हमने स्वयं मीलोष द्वारा अधिकृत उनकी कविताओं के अंग्रेज़ी अनुवादों का सहारा नहीं लिया है। मुख्य कारण यह था कि डॉ. चेकाल्स्का के अनुसार अंग्रेज़ी अनुवाद में कई बार कुछ पंक्तियाँ, कुछ बिम्ब आदि छोड़ दिये गये

हैं और जब-तब किसी उक्ति या बिम्ब की सघनता विस्फीति द्वारा नष्ट हो गयी है। मूल पोलिश कविता के रूपाकारों को हिन्दी में लाने की कोशिश भी हमने नहीं की है लेकिन पंक्तियों की संख्या प्रयत्न कर उतनी ही रखी है जितनी मूल में है।

चेस्लाव मीलोष निबन्धकार और उपन्यासकार भी हैं। उन्होंने पोलिश कविता के अलावा विश्व कविता के संचयनों का भी सम्पादन किया है। उन्होंने आत्मवृत्तान्त और संस्मरण लिखे हैं, अंग्रेज़ी में पोलिश कविता से लेकर कबीर तक का अनुवाद भी किया है। उनके आखिरी कविता संग्रह का शीर्षक है 'दूसरा स्थान'। यह कहना अतिशयोक्ति न होगी क्रूरताओं, संहार और हिंसा, विचारधाराओं के अतिचार के समय में कविता को स्वयं दूसरी जगह बनाने की कोशिश की है : ऐसी जगह जहाँ से कविता का अपना 'विज़डम', अपना आत्यन्तिक विवेक, अपना नैतिक बोध उसे ऊर्जस्वित करते हैं।

मूल पोलिश में कविनाम चेस्लाव मीवोष है लेकिन चूँकि अंग्रेज़ी में वह चेस्लाव मीलोष की तरह उच्चरित होकर रूढ़ हो गया है, कवि का आग्रह है कि उसे हिन्दी में भी वैसा ही रखा जाये। मुझे इस बात की खुशी है कि अब मीलोष की कविता हिन्दी में घर-बस जाएगी। उसके खुले घर में हमारी आवाजाही शायद कुछ आसान हो जाएगी।

यह अवसर मेरे लिए इसलिए भी अनूठा है कि इस बहाने मुझे एक कवि के अन्तरलोक में बहुत दिनों तक विचरने और बसने का दुर्लभ सौभाग्य मिला। इस कार्य के बाद मुझे लगता है कि कविता और काव्य-कौशल की मेरी समझ में कुछ इज़ाफ़ा ज़रूर हुआ है जिसके लिए मन में गहरी कृतज्ञता है।

अ वा

एक कहानी

एक फ़ौज-शासित देश के बीचोंबीच, एक शहर में जिसकी
सड़कों पर
राष्ट्रवादी अभियान की चीखें फुसफुसा रही थीं,
एक युवक
शोध कर रहा था रूप के तत्त्व पर, उसके मूल
और अस्तित्व पर।
वह चाहता था उसके लिए उपयोग करना पाँचों इन्द्रियों का
लेकिन उसका शासन सिर्फ़ नींदभर चला। सुबह के साथ वह
ख़त्म हो गया।
रॉकेट फूटे गरज के साथ आकाश की पृष्ठभूमि में।
एक दीवार ढाँचों के ढेर-सी स्पन्दित गुलबियाती रही राष्ट्रपति के
नाम के दिनों पर।
वर्ष, स्त्रियों की विभिन्न जातियों द्वारा नापे, बीत गये।
समय-समय पर सड़कों पर
पैरों-तले अतीत गिरता रहता था, उछलता हुआ काटी गयी
मछली की तरह।
रहस्यालोक में जीवित देह और सचल की गयी धातु द्वारा रचित
बिम्बमाला को
देखने के लिए
अपनी आँख को कनखियाना चाहिए,
चीज़ों को उनके बाहर से देखना चाहिए
एक तत्त्व एक प्रसन्न राजगीर का चेहरा भी बन सकता है,
पर ज़्यादा सुरक्षित होगा कुछ अलग, मानवीय जीवन से कुछ कम
जुड़ा हुआ।
आकाश सुबह विदीर्ण हो रहा था, सूर्य के मांस को निर्लज्ज
अनावृत्त करते हुए।

पृथ्वी, सुरंगों से ढँकी हुई, पहली रेलगाड़ियों के कम्पन से बेचैन,
फुफकार रही थी।
प्रार्थना, एक अज्ञात भाप, अधिकतर उगलती थी
एक प्रयोगशाला के कोनों से, एक देह के सन्तुलन में छिपी हुई।
एक दिन हवा ने देश के झण्डे को चिथड़े-चिथड़े कर डाला।
अगली सुबह चौकों पर सर्वहारा गा रहे थे,
कभी कहीं झलक
एक अकेली धाँय।
रूप का शोधकर्ता अपने घर की सँकरी सीढ़ियों पर
घुटे हुए गले के साथ पड़ा था। एक ललपीला मुर्ग़,
सुनहरा अर्द्धचन्द्राकार पिण्ड,
भर्रायी आवाज़ में बाँग दे रहा था उसके सिर के ऊपर
फड़फड़ाते हुए।

1932

यह जो मैं लिखता रहता था

यह, जो मैं लिखता रहता था अचानक लगा
हास्यास्पद था। मैं शब्द नहीं पा सका।
मैंने संसार को देखा, विशालकाय, स्पन्दित,
पत्थर के जंगले पर अपनी कुहनियाँ टिकाये हुए।
नदियाँ बहती रहीं, पाल बादल को चीरता रहा,
सूर्यास्त गश खा गये। सभी सुन्दर देश,
सब प्राणी, जिनकी मैं चाहत करता था,
विशाल चन्द्रमाओं की तरह आकाश पर ऊँचे उठ गये।
इन विचित्र सचल दीपकों पर टकटकी बाँध कर,
उनके खगोल चापों को गिनता हुआ,
मैं बुदबुदाया : संसार, नष्ट जो जाओ, दया करो, मैं डूब रहा हूँ।
कोई भाषा पर्याप्त नहीं होगी सुन्दरता व्यक्त करने में।
मैंने अपने अन्दर देखी फैलती हुई घाटियाँ
और मेरे पाँव काँसे के पंख लगाये
मैं उनके ऊपर चल सका था हवा में गेंड़ी लगाये हुए।
पर यह बुझ रहा था, याद न की गयी रात।

पैरिस, 1934

स्तुति-गीत

कोई नहीं है तुम्हारे और मेरे बीच।
कोई पौधा नहीं धरती की गहराइयों से रसायन लेता हुआ,
न कोई जानवर, न कोई आदमी,
न ही हवा बादलों के बीच भटकती हुई।

सबसे सुन्दर शरीर काँच की तरह पारदर्शी होते हैं
सबसे सशक्त शिखाएँ पानी की तरह, यात्रियों के थके
पाँव धोती हुईं।
सबसे हरे वृक्ष सीसे की तरह पुष्पित होते हैं आधी रात को।
प्रेम रेत है सूखे ओठों से निगली गयी।
घृणा एक खारा लोटा जो उसे दिया गया जो प्यासा है।
बहती चलो, नदियो; अपने हाथ उठाये हुए रखो
राजधानियो! मैं, काली धरती का वफ़ादार बेटा,
काली धरती लौटाऊँगा

मानो कि जीवन का अस्तित्व नहीं था
मानो कि गीत और शब्द रचे गये थे
मेरे हृदय द्वारा नहीं, मेरे रक्त द्वारा नहीं,
मेरे टिके रहने द्वारा नहीं,
बल्कि एक अनजान आवाज़ द्वारा, अशरीरी,
सिर्फ़ लहरों की धमनियाँ, सिर्फ़ हवाओं के वृन्द,
सिर्फ़ ऊँचे वृक्षों का

शरदकालीन डोलना।
कोई नहीं है तुम्हारे और मेरे बीच,
और मुझे शक्ति दी गयी थी।
सफ़ेद पहाड़ धरती के मैदानों से पोषण पाते हैं,
समुद्र की ओर वे जा रहे हैं, अपनी सैरगाह की ओर,

सूर्य झुकते हुए हर बार नये
एक छोटी अँधेरी नदी की घाटी के ऊपर, जहाँ मैं पैदा हुआ।
मेरे पास न विवेक है, न हुनर, न आस्था,
लेकिन मुझे शक्ति मिली है जो दुनिया को चीर डालती है।
मैं, एक भारी लहर, उसके तटों पर अपने को चकनाचूर कर दूँगा
और मैं विदा लूँगा, अनन्त पानियों की जगह पर लौटूँगा,
और एक युवा लहर अपने फेन से मेरे पाँव ढँक देगी। ओ अँधेरे!
उषा की पहली चमक से रंजित,
टुकड़े-टुकड़े चीर दिये गये किसी पशु से निकाले फेफड़े की तरह
तुम डोलते हो, तुम छलाँग लगाते हो।
कितनी बार मैं तुम्हारे साथ तैरा था
आधी रात को रोका गया,
तुम्हारे भयभीत चर्च के ऊपर कोई आवाज़ सुनता हुआ,
काले तीतर की चीख़, झाड़ी-फूलों की आहट तुम्हारे भीतर
फैल रही थी
और मेज़ पर दो सेब रोशनी दे रहे थे
या खुली कैंची चमक रही थी–
–और हम समान थे :
सेब, कैंची, अँधेरा और मैं–
नीचे उसी अचल,
असीरियन, मिस्री और रोमन
चन्द्रमा के।

झरने मुड़ते हैं, स्त्री-पुरुष मैथुन करते हैं,
अधसोये बच्चे अपने हाथों से दीवारें महसूस करते हैं,
थूक से गीली एक उँगली से ये अँधेरे देश खींचते हैं,
रूप मुड़ते हैं, जो अपराजित लगता था अलग गिरता है।

लेकिन समुद्रतल से उभरते देशों के बीच,
अँधेरी सड़कों के बीच, जिनकी जगह पर
एक पतित ग्रह से बनाये गये पहाड़ उठेंगे,
सब कुछ के विरुद्ध, जो कुछ भी होगा उसके विरुद्ध,
यौवन अपने को बचाएगा, उसकी धूपीली धूल की तरह साफ़,
न अच्छे, न बुरे को प्यार करने वाला,

तुम्हारे विशाल पाँव के नीचे फैला हुआ,
ताकि तुम उसे मसल सको, ताकि तुम उस पर चल सको,
ताकि तुम अपनी साँस से पहिया चला सको,
जिसकी गति से एक धुँधली इमारत काँपेगी,
ताकि तुम उसे भूख दे सको और दूसरों को नमक, शराब
और रोटी।

कुछ भी मुझे तुमसे अलग नहीं करता।

अगर मैं सैनिक हूँ, तुम हैल्मेट पर एक पंख हो,
एक गोली, आग की एक गेंद, और जब कोई तुम्हें चलाता है
तुम देते हो वह जिसका कि हर जीवित प्राणी पात्र है।

अगर मैं किसान हूँ, तुम मेरे हाथों से नष्ट करने
का काम करते हो
उन घासों को जो परती ज़मीनों पर फैली हैं और
तुम दलदल सुखाते हो
जब कि फ़सलें उगें और प्यासे राष्ट्रों के लिए वोद्का
विनम्र गलों में रिसती सूजी की तरह।

उसके लिए जो सत्ता के सपने देखता है, तुम एक काले परदे
की तरह
अपने को नीचे फैला लेते हो, लोगों के मकानों को ढाँपते हुए।
कुहरे में शासन अपने काँसे के पैर पटकता है
और चिनगारियाँ निकलती हैं जैसे लोहे से
और गायक-मण्डली सांसद की प्रशंसा में दहाड़ती है
प्रलय का मण्डल हमें घेरेगा उससे पहले।

अभी तक हार्न नहीं बजाया गया है
घाटियों में बिखरे और पड़े हुओं को पुकारते हुए।
आख़िरी गाड़ी का पहिया अभी जम गये कीचड़ पर
धड़धड़ाता नहीं है।
मेरे और तुम्हारे बीच कोई नहीं है।

पैरिस, 1935

सिर

जंगल के सिरे पर एक आदमी रुका
और उसके तीन सिर थे। दो कन्धों पर
टिकी थीं गर्दनें अच्छे सिर और बुरे सिर की।
बीच में चेहरा गँदला था
और वह चुप था, तिकोने दीपाधार की तरह रोशन।

आदमी रेत पर नाम लिख रहा था।
तब बुरा सिर बुदबुदाया : ओ अशुद्ध,
जिसका हृदय सूख गया है, तुम किसी से प्यार नहीं करते।
और अच्छे सिर ने आँखें घुमायीं :
—ओह, कौन-सा प्यार ढोता है शुद्धतर बोझ
उस व्यथा से कि प्यार नहीं किया काफ़ी।

आमुख

तुम जिसे मैं बचा नहीं पाया,
मेरी बात सुनो।
यह सीधा वक्तव्य समझो क्योंकि मुझे दूसरी तरह से कहने में
शर्म आती है।
मैं क़सम खाता हूँ कि मुझमें कोई बाज़ीगरी नहीं है शब्दों की।
मैं तुमसे कहता हूँ, एक बादल या एक वृक्ष की तरह।

जो मुझे शक्ति देता था, तुम्हारे लिए घातक था।
एक युग को विदा, तुम समझे एक नया युगारम्भ,
घृणा की प्रेरणा को ललित सुन्दरता,
अन्धी शक्ति को मुकम्मल आकार।

यहाँ एक घाटी है उथली पोलिश नदियों की। और एक विराट पुल
सफ़ेद कुहरे में जाता हुआ। यहाँ एक बरबाद शहर
और हवा तुम्हारी कब्र पर बिखेरती है समुद्री पक्षियों की चीखें,
जब मैं तुमसे बात कर रहा हूँ।

वह कविता क्या है जो नहीं बचाती
देशों या लोगों को?
सरकारी झूठों में साझा,
पियक्कड़ों का गीत
जिनके गले पल भर बाद क़लम कर दिये जाएँगे,
कुँवारी लड़की के कमरे में किये गये पाठ।

यह कि मैं चाहता था अच्छी कविता, बिना जाने कैसे,
यह कि मुझे देर से उसका बचाने वाला लक्ष्य समझ में आया

यह और सिर्फ़ यही मुक्ति है।

बाजरा और खसखस कब्रों पर बिखेरे जाते थे
मृतकों के लिए जो एकत्र होते थे – पक्षी।
मैं यह पुस्तक यहाँ रखता हूँ तुम्हारे लिए, तुम ओ प्राचीन
और आगे से हमारे पास कभी नहीं आओगे।

वार्षावा, 1945

मुठभेड़

हम भोर से पहले बर्फ़-जमे खेतों में से गुज़र रहे थे,
एक लाल पंख उग रहा था, रात भी।

एक ख़रगोश अचानक हमारे सामने भागा,
और हममें से एक ने हाथ से उसकी ओर इशारा किया।

यह बहुत समय पहले था। आज वे जीवित नहीं हैं
न ख़रगोश, न वह जिसने उसे दिखाया था।

प्यार मेरे, कहाँ हैं, कहाँ जा रहे हैं
एक हाथ की चमक, दौड़ने की लकीर, बर्फ़-जमे कीचड़ की कड़कन—
मैं दुखपूर्वक नहीं विचारपूर्वक पूछता हूँ।

विल्नो, 1937

काम्पो दि फ़्योरी

रोम में काम्पो दि फ़्योरी पर
जैतून और नीबू की टोकरियाँ
अंगूरी छिड़की हुई बटियाँ
फूलों की किरचें।
गुलाबी समुद्री खाद्य
बेचने वाले मेज़ों पर डालते हैं
मुट्ठी भर काले अंगूर
जो गिरते हैं आड़ुओं के रोओं पर।

यहाँ इसी चौक पर
ज्योर्दानो ब्रूनो जलाया गया था,
जल्लाद ने चिता की आग जलायी
जिज्ञासु भीड़ से घिरे हुए।
और जैसे ही लपटें शान्त हुईं
मधुशालाएँ फिर से खचाखच भरी हुईं
जैतून और नीबू की टोकरियाँ
बेचने वाले अपने सिरों पर लिये हुए।

मैंने याद किया काम्पो दि फ़्योरी को
वार्षावा में चरख़ हिण्डोला के बग़ल में,
एक सुखद वसन्ती शाम को
ज़िन्दादिल संगीत की धुनें सुनते हुए।
यहूदी बस्ती की दीवार के ऊपर धमाके
ज़िन्दादिल धुन द्वारा सुन्न किये गये
और जोड़े उड़े
ऊपर साफ़ आकाश में।

जब-तब जलते मकानों से हवा
ले आयी काली पतंगे,
उन्होंने हवा में चिनगारियाँ लोक लीं
जो चरख़ हिण्डोला पर सवार थे।
लड़कियों की फ्रॉकें खोल दीं
जलते मकानों की इस हवा ने,
मनमौज़ी भीड़ें हँसती रहीं
एक सुन्दर इतवार को वार्षावा के।

कोई पढ़ सकता है इसमें एक सीख
कि वार्षावा या रोम के लोग
सौदा-सुलुफ़ करते, खेलते, प्रेम करते हैं
शहीदों की चिताओं के बग़ल से गुज़रते हुए।
कोई और सीख पढ़ेगा
मानवीय मुद्दों की क्षणभंगुरता के बारे,
भूलने के बारे में जो बढ़ता है
इससे पहले कि लपट शान्त हो।

हालाँकि तब मैंने सोचा था
उनके अकेलेपन के बारे में जो मरते हैं।
इस तथ्य के बारे में, कि जब ज्योर्दानो
तख़्ते पर चढ़ा था,
उसे मानवीय भाषा में नहीं मिला
एक भी शब्द
मानवता को अलविदा कहने के लिए
मानवता को, जो बची रहती है।

पहले ही वे शराब पीने भाग रहे थे,
सफ़ेद तारामीन बेचने,
जैतून और नीबू की टोकरियाँ
वे ले जा रहे थे शोर-मचाती भीड़ में।
और वह पहले ही उनसे दूर हो गया था,
जैसे सदियाँ बीत जाएँगी

और उन्होंने एक पल के लिए प्रतीक्षा की
आग में उसके कूदने की।

और वे जो मरते हैं और जो अकेले हैं
संसार के लिए पहले वे विस्मृत,
हमारी भाषा उनके लिए अजनबी हो गयी
एक पुराने ग्रह की भाषा की तरह।
फिर जब सब कुछ एक क़िस्सा बन जाएगा
और फिर कई बरसों बाद
नयी काम्पो दि फ़्योरी पर
विरोध सुलगाएगा एक कवि का एक शब्द।

वार्षावा : ईस्टर 1943

खसखस की कथा

खसखस के एक दाने पर एक छोटा सा घर खड़ा है,
नन्हे कुत्ते भौंकते हैं खसखस – चन्द्रमा पर
और अब तक कभी भी उन खसखस – कुत्तों को नहीं
सूझा कि एक और बड़ी दुनिया है।

पृथ्वी एक दाना है – सच में उससे ज़्यादा नहीं,
दूसरे दाने हैं – ग्रह और नक्षत्र।
और अगर वे लाख हैं तो भी
हरेक पर एक छोटा घर बगीचे के साथ रखा जा सकता है।

सब कुछ पोस्ते के अन्दर। खसखस बढ़ती है बगीचे में,
बच्चे आसपास दौड़ते हैं, खसखस झूमती है।
और शाम में जब चन्द्रमा उगता है
कुत्ते भौंकते हैं कहीं, कभी ज़ोर से, कभी धीमे।

'संसार' शीर्षक लम्बी कविता का एक अंश– वार्षावा 1943

विश्वास

विश्वास मौजूद होता है जब कोई देखता है
पानी पर पत्ती या ओस की बूँद
और जानता है कि वे हैं – क्योंकि वे ज़रूरी हैं।
अगर किसी की आँखें बन्द हों और वह सपने देख रहा हो
तो भी दुनिया में वही रहेगा जो पहले था,
और नदी के पानी ले जाएँगे पत्ती को बहाकर।

विश्वास तब भी होता है जब कोई चोट पहुँचाता है
अपने पाँव को किसी चट्टान से और जानता है कि चट्टानें
होती हैं हमारे पाँवों को चोट पहुँचाने के लिए।
देखो, कैसे वृक्ष डालता है लम्बी छायाएँ,
और हमारी और फूलों की छाया गिरती है धरती पर :
जिसकी छाया नहीं उसमें होने की शक्ति भी नहीं।

'संसार' शीर्षक लम्बी कविता का एक अंश– वार्षावा 1943

आशा

आशा तब होती है जब कोई मानता है,
कि धरती एक सपना नहीं बल्कि जीवित देह है,
और कि दृष्टि, स्पर्श और श्रवण झूठ नहीं बोलते हैं।
वे सब चीज़ें जो यहाँ मेरी परिचित हैं,
उस बगीचे की तरह जिसके गेट पर आप हों।

अन्दर जाने की अनुमति नहीं है। पर निश्चय ही वह है।
अगर सावधानी और अच्छे ढंग से देखें,
तो नया फूल और एक से अधिक तारा नहीं
हम देख सकते हैं कहीं इस बगीचे में दुनिया के।

कुछ लोग कहते हैं कि आँखें हमें धोखा देती हैं
और कुछ भी दरअसल नहीं है, सिर्फ़ आभास है,
पर ये वे हैं जिन्हें कोई आशा नहीं है।
वे सोचते हैं कि जब कोई पलटता है,
उसके पीछे की सारी दुनिया ग़ायब हो जाती है,
जैसे कि वह किन्हीं चोरों के हाथों हथिया ली गयी हो।

'संसार' शीर्षक लम्बी कविता का एक अंश– वार्षावा 1943

प्रेम

प्रेम का मतलब है एक-दूसरे को देखना,
मानो कि कोई देख रहा हो कुछ विचित्र,
क्योंकि तुम कई चीज़ों में से एक हो।
और जो भी देखता है उस तरह वह भले न जाने,
अपने हृदय को कई दुखों से मुक्त कर लेता है,
एक चिड़िया और एक वृक्ष उससे कहते हैं : मित्र।

तब वह चाहता है अपना और चीज़ों का उपयोग करना,
ताकि वे खड़े हो सकें परिपक्वता के उजाले में।
फ़र्क नहीं पड़ता कि वह नहीं जानता कि किसकी चाकरी :
जो समझता है वह ज़रूरी नहीं कि सबसे अच्छा चाकर हो।

'संसार' शीर्षक लम्बी कविता का एक अंश— वार्षावा 1943

सूर्य

सब रंग आते हैं सूर्य से। लेकिन उसका अलग
कोई रंग नहीं है क्योंकि सब उसमें समाये हैं।
और सारी पृथ्वी एक लम्बी कविता की तरह है,
जबकि उसके ऊपर सूर्य प्रतिनिधि है कलाकार का।

जो भी संसार को रंग-बिरंगा चित्रित करना चाहता है,
उसे सूर्य को कभी सीधे नहीं देखना चाहिए।
क्योंकि वह भूल जाएगा वे चीज़ें जो उसने कभी देखी थीं,
और आँखों में बचे रहेंगे जलते आँसू भर।

उसे झुकना चाहिए नीचे, घास की ओर चेहरा,
और देखना चाहिए एक किरण धरती को प्रतिबिम्बित करती हुई
वहाँ वह पाएगा हर चीज़ जिसे हम गँवा चुके हैं :
तारे और गुलाब और शामें और सुबहें।

'संसार' शीर्षक लम्बी कविता का एक अंश– वार्षावा 1943

विदा

मैं तुमसे बोलता हूँ बरसों की चुप्पी के बाद
मेरे बेटे। वेरोना बाक़ी नहीं।
अपनी उँगलियों से ईंटें चूर-चूर की हैं। यह बचता है
घर शहरों से बहुत प्यार का।

मैं बगीचे में तुम्हारी हँसी सुनता हूँ। और पागल वसन्त की
गन्ध छोटी भीगी पत्तियों से मेरे नजदीकतर आ रही है,
मेरे नजदीक, जो किसी बचाने वाली शक्ति में भरोसा न करते हुए,
दूसरों और अपने आप के बाद भी टिका हुआ है।

काश तुम्हें पता होता कि कैसा लगता है जब रात को
कोई अचानक जाग उठता और पूछता है
धड़कते दिल को सुनते हुए : तुम्हें और क्या चाहिए,
लालची? वसन्त, कोयल गा रही है।

बगीचे में बच्चों की हँसी। पहला विमल तारा
खुलता है पहाड़ियों के फेन पर जो खिली नहीं है
और फिर लौटता है मेरे ओठों पर एक हलका गान,
और मैं फिर युवा हूँ, जैसा कि एक समय था, वेरोना में।

ठुकराना। हर चीज़ को ठुकराना। यह वह नहीं है।
मैं न तो पुनर्जीवित करूँगा न वापस जाऊँगा।
सोओ, रोमियो और जूलिएट,
टूटे पंखों के तकिये पर
मैं नहीं उठाऊँगा राख में से तुम्हारे जुड़े हाथ।
उजाड़ कैथेड्रलों में घूमने दो एक बिल्ली को

जिसकी पुतली चमकेगी वेदी पर। एक उल्लू को
एक मृत तोरण पर बनाना चाहिए एक घोंसला।

तपती, सफ़ेद दोपहर में मलबे में एक साँप को
पीले फूलों वाली लम्बी घास पर धूप सेंकना चाहिए और
सन्नाटे में
उसे अनावश्यक सोने के इर्दगिर्द एक चमकता घेरा लपेटना चाहिए।
वापस नहीं जाऊँगा। मैं जानना चाहता हूँ, क्या बचता है
ठुकराने के बाद वसन्त और प्रेम,
ठुकराने के बाद किरमिज़ी ओंठ,
जिनसे घुटनभरी रातों में बहती है
एक गर्म तरंग।

गीत और शराब की गन्ध ठुकराने के बाद,
क़समें और शिकायतें, और एक हीरा-रात,
और समुद्री चिड़ियों की चीख, जिनके पीछे चमक है
एक काले सूर्य की।

जीवन से, एक सेब से, जो एक दहकते चाकू से काटा गया है,
कौन सा बीज अपने को बचा सकता है।

मेरे बेटे, विश्वास करो, कुछ नहीं बचता।
सिर्फ़ वयस्क संघर्ष,
हाथ में भाग्य की लकीर,
सिर्फ़ संघर्ष,
और कुछ नहीं।

क्राकूव, 1945

कविता के प्रति

कविता, अगर मैंने गुनाह किया, उस आवाज़ को
जो मुझमें पैदा हुई तुम्हारी आवाज़ समझते हुए दर्द की आवाज़,
मानवीय आवाज़,
क्षमा करो, तुम जो गड्डमड्ड शिकायतों से इतनी अलग हो
जैसे एक समुद्री सफ़ेद तरंग मूँगिया दलदल से।

तुम, जो अभी पैदा न हुए घोड़े के नथुनों की
रूपरेखा हो,
एक सेब का आकार और रंग, जो धूल में मिल गया,
एक अबाबील के पंखों की कौंध, जिसने छुआ टिबेरियस का सिर
अनन्त के एक बिन्दु पर,

समझाओ, 'तुम' कहने का क्या मतलब होता है
उन चीज़ों से जिनके पास होने के अलावा कोई भाषा नहीं
और जो होती हैं वहाँ जहाँ समय रुक जाता है, दूर, दूर,
मानवीय घृणा और मानवीय प्रेम से।

वार्षावा, 1942

जन्म

वह पहली बार देखता है उजाला।
संसार चमकीला उजाला है।
वह नहीं जानता कि चीख़ते हैं
चमकीले पक्षी।
उनके हृदय तेज़ी से धड़कते हैं
बड़ी-बड़ी पत्तियों के नीचे।
वह नहीं जानता कि पक्षी रहते हैं
मनुष्य से अलग समय में।
वह नहीं जानता कि वृक्ष रहता है
अलग समय में पक्षियों से
और वह धीरे-धीरे ऊपर बढ़ेगा
एक भूरा खम्भा रचते हुए,
जड़ों से सोचते हुए
धरती के अन्दर के राज्यों की चाँदी के बारे में।

वंश का अन्तिम, आता है
विशाल जादुई नृत्यों के बाद।
कुरंग के नृत्य के बाद,
पंखदार सर्पों के नृत्य के बाद,
अनन्त रूप से निरभ्र आकाश के नीचे
ईंटों की ललाई लिये घाटी में।

आता है भड़कीली चर्म-मेखलाओं पर
एक दैत्य के सिर वाले कवच पर
उन देवताओं के बाद जो भेजते हैं
नींद रँगी पलक से।

उकेरे जहाजों के मोरचे के बाद
हवा द्वारा भुला दिये गये।

आता है तलवारों की कटकटाहट के बाद
और युद्ध के शंखनाद के,
भयावह समवेत चीख़ के बाद,
चकनाचूर ईंट की धूल पछियाते हुए
पंखों की फड़फड़ाहट के बाद
गरम चीनी मिट्टी के पात्रों के मज़ाक पर
हंसों के एक सरोवर के नृत्य के बाद
और भाफ़ के इंजन के बाद।

जहाँ भी वह क़दम रखता है, वहाँ हर जगह
टिका हुआ है रेत पर मुद्रित
एक पदचिह्न एक चौड़े अँगूठे वाले पैर का
और वह माँगता है कि मैं नाचूँ
अपने बचपन के पैर को
जो आता है अक्षत वनों से।

जहाँ भी वह जाता है, वहाँ हर कहीं
सभी ज़मीनी चीज़ों पर
गरम और आदम हाथों से
धूमिल पड़ गया रोग़न।
वह कभी धोख़ा नहीं देगा,
हमेशा के लिए उसके साथ रहेगा
एक उपस्थिति, साँस की तरह आत्मीय,
उसकी एकमात्र सम्पत्ति।

वाशिंगटन डी.सी., 1948

एशिया के बारे में एक विचार

मैं देखता हूँ एक दुबला-पतला आदमी, उसके नितम्ब ढँके हुए
सूखी घास के गुच्छे से। एक सौम्य स्त्री
सुडौल गेरुई स्तनों वाली। एक नंगा बच्चा
खेलता हुआ सड़कों की लाल धूल में। उनके ऊपर
रेंगती बाँहें एक देवता की और हवा के दैत्य की
चार तत्त्वों के दैत्य
अपने दुष्ट चेहरे छुपाते हैं। मैं एक आवाज़ सुनता हूँ
पुरानी चट्टानों के अन्तरंग की, आवाज़ साबुन के एक बुलबुले की,
मानवीय लक्ष्यों की व्यर्थता की आवाज़, एक प्रतिध्वनि
लक्ष्यहीन, एक हँसी
जिसे हँसता कुछ नहीं। एक आदमी रखता है
अपना हाथ एक स्त्री के स्तनों पर, एक बच्चा पैदा होता है,
एक परिवार
लकड़ी हुई मिट्टी में खोजता है बीज सूखे के दिन में
और एक मानवीय कीड़ा सूखता है और बिखर जाते हैं
उलझे हुए, जंग के रंग के पैर मरे हुए टिड्डों के
और एक चील चक्कर लगाती है तपती गरमी में बिना बादलों के
और पुरानी चट्टानों की आवाज़ खिल्ली उड़ाती है
आदमी की, उसके देवताओं और दैत्यों की।
मैं उन चीज़ों के बारे में सोचता हूँ जो शक्ति देती हैं
व्यर्थ समय के ख़ाली ज्ञान से लड़ने की,
हृदय में रक्ततप्त तार के बारे में, उस फ़ैसले के बारे में
जिससे कोई नहीं छूटेगा, न कोई बच पाएगा।
मैं सब पुरुषों और स्त्रियों के बारे में सोचता हूँ
जो अपने अन्दर पुरानी चट्टानों की हँसी पर विजय पाते हैं।

वाशिंगटन डी.सी., 1949

तुम

तुम जिसने एक सीधे-सादे आदमी को घायल किया,
उसके दुख पर ठहाका लगाते हुए,
और अपने चारों ओर जमा की मसख़रों की जमात
लकीर धुँधली करके अच्छे-बुरे को मिलाते हुए,

अगर हर कोई तुम्हारे सामने झुकता गया,
घोषित करते कि तुम्हारे पास सद्गुण और विवेक है,
तुम्हारे सम्मान में सोने के तमग़े ढालते हुए
खुशी मनाते एक दिन और जीवित रह जाने की,

सुरक्षित मत महसूस करो। कवि याद करता है।
तुम उसे मार डालो—एक नया पैदा हो जाएगा।
कारनामे और बातचीत दर्ज़ रहेगी।

बेहतर तुम्हारे लिए ठण्ड की एक सुबह
एक रस्सी, एक डाल बोझ से झुकी हुई।

वाशिंगटन डी. सी., 1950

विदा

नहीं, मैं निश्चय ही तुम्हें नहीं भूलूँगा।
और वार्षावा के ऊपर बादल मेरे हैं,
और पोलैण्ड देश के ऊपर आती-जाती बदलियाँ,
उनकी छाया जो मँडराती है दानों की धूल पर।

और अगर किसी पैमाने से, जिसे मैं नहीं जानता, नापा जाएगा
मेरे वयस्क वर्षों के कड़वे आँसुओं को,
विदेशी राष्ट्रों में यात्रा की हताशा को –
कोई एक पत्थर नहीं फेंकेगा।

नहीं, मैं निश्चय ही तुम्हें नहीं भूलूँगा।
जब सुबह भरपूर ओस होती है
घासों पर और विस्तुला नदी के किनारे की सड़कों की रेत
छाया की कतारों के पार गुलाबी चमकती है
मैं साथ जाना चाहूँगा और सपनों की धरती को
भविष्य की धरती को खँडहरों से बचाना
और अपने गीत से सहारा देना अपने भाइयों को
और यह खुशी है – अगर मैं कर भर पाऊँ।

अगर तुम जानना चाहोगे कि वह कैसे हुआ
कि मैं देश से भागा, जो कि मुझे प्यारा है,
मैंने यह किया – फ़र्ज़ करो कि हिम्मत हो
उन विचारों को शक़्ल देने की जिनके कोई मुखड़ा नहीं
और जिसे परवाह न हो सम्मोहनों और अपमानों की।

मैंने यह किया, क्योंकि यह मेरा काम नहीं है कि मैं

उनको महसूल चुकाऊँ जिनके हाथों में हैं पुलिस और सत्ता।
मुझे किसी को रपट नहीं देना है
अगर मैं अपने आप से कहूँ : यह एक ज़रूरत है।
और रोटी और प्रसिद्धि जो मुझे मिलती इस हुक्मबरदारी
के लिए।
लेकिन एक दूसरी ही शक्ति मेरे अन्दर जीती।

और दुनिया के खिलाफ़ अकेले। नहीं, अकेले नहीं :
जहाँ रात की पाली से लौटते हैं कामगार
और बच्चे खेलते हैं गेंद एक उनींदी गली में
जहाँ रुपहले भोजवृक्षों के पीछे धुआँ निकलता है एक गाँव
की चिमनी से—
वे मेरे साथ हैं और मैं उनके साथ।

और अगर किसी पैमाने से, जिसे मैं नहीं जानता, नापा जाएगा
जीते गये लोगों के कड़वे आँसुओं को,
उनकी शान्त चीख़, इसलिए भयावह।
आकाशचुम्बी चमत्कारों के असंवेदनशील रचयिताओं में से
आज कोई एक भी जीवित न होगा।

नहीं, मैं निश्चय ही तुम्हें नहीं भूलूँगा
अगर मेरा हृदय फट नहीं गया।
मुझे नसीब नहीं था तुम्हारे साथ सुख से रह पाना
मैं राज़ी हुआ था ख़ालीपन में दाख़िल होने इस भद्दे दरवाज़े से
क्योंकि मैं प्यार करता था
और काफ़ी शब्द नहीं थे, सुन्दरतापूर्वक सजाये हुए।

भूमिका

स्थानीय बोली को सरल रहने दो।
ताकि हर कोई, जो शब्द सुनता है
देख पाएगा सेब के वृक्ष, नदी, सड़क का मोड़,
वैसे ही जैसे देखे जा सकते हैं गरमियों की बिजली की कौंध में।

पर बोली बिम्ब नहीं हो सकती
कुछ और नहीं। सदियों से वह आकर्षित होती रही है
लय के दोल, सपने, गीत से।
अरक्षित वह पीछे छोड़ दी गयी है सूखी-तीख़ी दुनिया द्वारा।

आज कई पूछते हैं कि इसका क्या अर्थ है
यह शर्म, कविताओं की एक पुस्तक पढ़ते हुए,
जैसे कि लेखक, अस्पष्ट उद्देश्य से,
उसके अन्दर इस कुस्वभाव की ओर संकेत करेगा
विचार को ढकेलते हुए, विचार को बहकाते हुए।

चुटकुले, बेतुकेपन, व्यंग्य के मसाले से,
कविता अभी भी आकर्षक हो सकती है।
उसकी महानता की तब सराहना होती है।
लेकिन ये झगड़े, जहाँ ज़िन्दगी दाँव पर लगती है,
वे सब गद्य में होते हैं। हमेशा ऐसा नहीं था।
और अव्यक्त है अब तक पीड़ा।
वे काम आते हैं पर टिकते नहीं हैं, रूमान और भाष्य।
क्योंकि एक अच्छा छन्द भारी होता है
परिश्रम से भरपूर कई पृष्ठों के वज़न से।

मुटरीपन

वही और बिलकुल वही नहीं, मैं बलूत के जंगल से गुज़रा
चकित कि मेरी वाग्देवी ने
किसी तरह से मेरा अचम्भा घटाया नहीं है।
एक मुट्ठी चीत्कार कर रही थी और मैं कहता रहा : मुटरीपन,
मुटरीपन क्या है? एक मुट्ठी हृदय,
चोंच के ऊपर बालों वाला नथुना, एक उड़ान
जो नीचे आते हुए अपने को नया करती है
मैं कभी नहीं पा सकूँगा और मैं कभी नहीं समझ सकूँगा उसे।
अगर मुटरीपन का अस्तित्व नहीं है
मेरी प्रकृति का भी अस्तित्व नहीं है।
किसे पता था कि सदियों बाद
मैं आविष्कार करूँगा सवाल सार्वभौमों का।

माण्टगेरोन, 1958

उससे अधिक कुछ नहीं

कभी मुझे बखान कर सकना चाहिए कि कैसे बदली
मेरी राय कविता के बारे में, और यह कैसे हुआ
कि मैं आज अपने को समझता था
जापानी साम्राज्य के कई सौदागरों और कारीगरों में से एक,
जो रचते थे कविताएँ चेरी फूलों,
गुलदाऊदी की और पूर्ण चन्द्र के बारे में।

अगर सिर्फ़ मैं बखान कर सकता वेनिस की वेश्याओं का
जो आँगन में मोर को चिढ़ाती हैं टहनी से
और रेशमी वस्त्र से, मोतियों से बनी करधनी से
निकाले भारी स्तनों को
और त्वचा पर वस्त्र पहनने से बनी ललछौंही रेखा को,
कम से कम उस तरह जिस तरह से साफ़ देखा इन जहाजों
के कप्तान ने
जो सोने का माल ढोकर लाये थे उस सुबह;
और अगर मैं उसी वक़्त उनकी ग़रीब हड्डियों को
एक कब्रगाह में जिसके दरवाज़े मोटा समुद्र चाटता है
बन्द कर सकूँ एक शब्द में जो अधिक टिकाऊ है
आख़िरी कंघी से
जो लकड़ी के बुरादे में दफ़्न एक सिल्ली के नीचे
अकेले, प्रतीक्षा करती है प्रकाश की

तब मुझे सन्देह नहीं होगा। अनिच्छुक पदार्थ से
क्या बटोरा जा सकता है? कुछ नहीं, अधिक से अधिक सौन्दर्य।
और तब, हमारे लिए काफ़ी होंगे चेरी के फूल
और गुलदाऊदी, और पूर्ण चन्द्र

माण्टगेरोन, 1957

जो पहले कभी महान था

जो पहले कभी महान था, अब छोटा लगता है।
राज्य चिमराते हुए बर्फ़-ढँके ताँबे की तरह।

जिसने पहले कभी घायल किया, अब नहीं करता।
आसमानी धरतियाँ घूमती जाती हैं चमकती हुई।

एक नदी के किनारे घास पर लेटे हुए,
जैसे बहुत बहुत पहले मैंने जाने दीं छाल से बनी डोंगियाँ।

माण्टगेरोन, 1959

चाहिए, नहीं चाहिए

आदमी को चन्द्रमा से प्यार नहीं करना चाहिए।
उसके हाथ में कुल्हाड़ी को वज़न नहीं गँवाना चाहिए।
उसके बगीचे में गँधाना चाहिए सड़ते सेबों को
और उसमें उगना चाहिए बिच्छू-बूटियाँ उचित मात्रा में।

आदमी को बात करते उन शब्दों का इस्तेमाल नहीं करना चाहिए
जो उसे प्रिय हैं
न ही उसे बीज को फोड़कर देखना चाहिए कि अन्दर क्या है।
न ही उसे फेंकना चाहिए रोटी का टुकड़ा, न ही आग में
थूकना चाहिए
(कम से कम लिथुआनिया में मुझे यही सिखाया गया था)।
अगर वह संगमरमर की सीढ़ियों पर क़दम रखे
उस अभद्र को एक कटाव अपने जूतों से करना चाहिए
यह याद दिलाने के लिए कि सीढ़ियाँ हमेशा नहीं रहने वालीं।

बर्कले, 1961

नदियाँ और छोटी होती जाती हैं

नदियाँ और छोटी होती जाती हैं। शहर और छोटे। सुन्दर बाग़ीचे
दिखाते हैं जो हमने पहले नहीं देखा था,
चरमरायी पत्तियाँ और धूल।
जब मैं पहली बार झील के पार तैरा था,
वह मुझे विशाल लगी थी,
अब अगर मैं वहाँ खड़ा होऊँ, तो वह एक कटोरी लगेगी
हिमकालीन चट्टानों और एक जूनिपर झाड़ी के बीच।
हलीना गाँव के पास का जंगल मुझे आदिम लगता था,
हाल ही में मारे गये भालू की
गन्ध के साथ,
हालाँकि चीड़ के पेड़ों के बीच एक खेत नज़र आता था।
जो निजी था वह कुल नमूने का एक प्रकार भर बन जाता है।
सपने तक में अन्तःकरण अपने बुनियादी रंग बदल देता है।
नाक-नक़्श पिघल जाते हैं जैसे आग में मोम
का पुतला हों।
और कौन राज़ी होगा आईने में सिर्फ़ आदमी का चेहरा भर
होने से?

बर्कले, 1963

वे वहाँ परदे रखेंगे

वे वहाँ परदे रखेंगे और हमारा जीवन
दिखाया जाएगा शुरू से आख़िर तक
जिसमें शामिल वह सब जिसे, लगता है, हम हमेशा के लिए
भुला चुके
और एक ज़माने की पोशाकें जो सिर्फ़ हास्यास्पद और दयनीय लगेंगी
अगर इसलिए नहीं कि हमने उन्हें पहना था,
बिना जाने कि इनसे अलग भी कोई थीं।
स्त्रियों और पुरुषों का रणक्षेत्र। बेकार है चिल्लाना : मैं उन्हें प्यार
करता था,
हरेक मुझे लगता था एक लालची बच्चे की तरह
दुलार चाहता हुआ,
मुझे पसन्द थे समुद्रतट, तरण पुष्कर और निदानगृह
क्योंकि वे वहाँ थे, मेरी अस्थि की अस्थि, मेरे मांस का मांस।
मैं उन पर और अपने पर तरस खाता था लेकिन इससे बचाव
नहीं हो सकेगा।
पूरे हैं एक शब्द और एक विचार, एक गिलास का फिर से
रखा जाना,
एक सिर का मुड़ना, उँगलियाँ एक पोशाक खोलती हुईं, बेतुकापन,
धोख़ा देने वाली मुद्रा, बादलों पर सोच-विचार,
सुविधा के लिए हत्या : सिर्फ़ यह।
और तो क्या, कि वे विदा लेते हैं छनकाते हुए छोटे घुंघरू
टखनों पर, कि वे इतने धीमे प्रवेश करते हैं आग में
जिसने उन्हें और मुझे समा लिया? दाँतों से काटो अगर तुम्हारे
पास हैं उँगलियाँ
और फिर देखो क्या हुआ, शुरू से आख़िर तक।

बर्कले, 1964

जब चन्द्रमा

जब चन्द्रमा और स्त्रियाँ चलती हैं लच्छेदार पोशाक पहने हुए
मैं चकित होता हूँ उनकी आँखों से, भौंहों और संसार की सारी
व्यवस्था से।

मुझे लगता है कि ऐसा बड़ा परस्पर झुकाव
अन्ततः परिणत हो सकता है परम सत्य में।

बर्कले, 1996

खिड़की

मैंने खिड़की से बाहर देखा भोर में और एक युवा सेब का
वृक्ष था,
उज्ज्वलता से पारभासी।

और जब मैंने फिर देखा भोर में एक बार, एक बड़ा सेब का
वृक्ष खड़ा था
फलों से लदा हुआ।

शायद कई बरस बीत गये हैं और मुझे कुछ भी
याद नहीं है कि
नींद में क्या हुआ।

बर्कले, 1965

शब्द

मानो कि हवा में हकलाहट से,
शब्दों से जो कपट से उँड़ेल दिये गये, टन प्रति टन नापे गये,
कुछ छूट गया। लेकिन आवाज़ नष्ट करती है आवाज़ को
और खलबली में चुप्पी बस जाती है।
हमें नोट करना चाहिए कि उसमें अपने अन्दर उदासीनता जैसी
कोई चीज़ थी।
उसे पीना और बात करना पसन्द था, पर जब झूठा घमण्ड
करने वाली स्त्रियाँ
प्रकाशकों को कुछ न भेजने के लिए उसे फटकारती थीं,
वह हँसता था।
वह इन तटों को तरजीह देता था क्योंकि आदिम उतावली
अपने में काफ़ी होती है और सील का भौंकना
वही है जो है। जीवन मृत्यु थोपता है,
ज्वार-भाटा फेन में विघटित हो जाता है। बहुत थोड़े भ्रम।
वह ऐसा था जैसे एक दूर, बहुत दूर देश में
उसके बचपन के, जब वह नहीं जानता था
कि कुछ अपने आप को ही बचाना चाहते थे
रात-दर-रात, मोमबत्ती की रोशनी के पास, शब्द में शब्द जोड़ते हुए।

बर्कले, 1964

काव्यकला ?

मैं हमेशा एक अधिक खुला शिल्प चाहता था,
जो न ज़्यादा काव्य होगा, न ज़्यादा गद्य
और जो संप्रेषण होने देगा किसी को वेध्य बनाये बिना
न लेखक को, न पाठक को, उच्च कोटि की पीड़ाओं के लिए।

काव्य-तत्त्व में ही कुछ अशोभन होता है :
एक चीज़, जिसके बारे में हम नहीं जानते कि वह हममें है,
हममें उपजती है,
हम अपनी आँखें मिचकाते हैं, मानो कि हममें से
एक शेर कूद गया हो
और खड़ा हो रोशनी में, अपनी बगलों को पूँछ से फटकारता हुआ।

इसलिए यह कहना सही है कि कोई अज्ञात शक्ति काव्य
लिखवाता है,
हालाँकि यह कहना अतिशयोक्ति होगी कि वह निश्चय ही
देवदूत है।
यह समझना कठिन है कि कवियों का अभिमान कहाँ से आता है
जबकि अगर उसकी कोई कमज़ोरी दिख जाये तो वे शर्मिन्दा
होते हैं।

कौन समझदार आदमी दैत्यों का एक देश होना चाहेगा
जो उसके अन्दर ऐसे शासन करते हैं जैसे वह उनका क्षेत्र हो,
जो कई भाषाएँ बोलते हैं,
और इस तरह कि जैसे उसके ओठ और हाथ चुराना
काफ़ी न हो

वे अपनी सुविधा के लिए उसकी नियति बदलने की कोशिश
करते हैं?
क्योंकि जो कुछ घिनौना है उसकी इन दिनों बहुत क़ीमत है,
कोई सोच सकता है, कि मैं मज़ाक कर रहा हूँ
या कि मैंने एक और तरीका गढ़ लिया
व्यंग्य का उपयोग कर कला की प्रशंसा करने का।

एक समय था जब सिर्फ़ समझदार पुस्तकें पढ़ी जाती थीं
जो दुख और दुर्भाग्य सहन करने में सहायक थीं।
लेकिन यह वैसा नहीं है जैसे कि एक हज़ार कृतियों का
सीधे उपजना मनोचिकित्सा-निदानशाला से।

आख़िरकार दुनिया अलग है उससे जो हमें लगता है
और हम अलग हैं अपने प्रलापों से।
इसलिए लोग बरतते हैं चुपचाप ईमानदारी,
और इस तरह रिश्तेदारों और पड़ोसियों का आदर अर्जित करते हैं।

काव्य का एक उपयोग यह है, कि वह हमें याद दिलाता है
कि कितना कठिन है वही व्यक्ति बने रहना,
क्योंकि हमारा घर खुला है, दरवाज़े में कोई चाबी नहीं,
और अदृश्य अतिथि अपनी मरजी से आते-जाते हैं।

जो मैं कह रहा हूँ, मानता हूँ, काव्य नहीं है
क्योंकि कविताएँ कम ही और झिझकते हुए लिखने दी जाती हैं,
असह्य लाचारी में और सिर्फ़ इस उम्मीद से,
कि मंगलकारी शक्तियाँ, अशुभ नहीं, हमारा औजार की तरह
उपयोग करें।

बर्कले, 1968

मेरी वफ़ादार भाषा

मेरी वफ़ादार भाषा,
मैंने तुम्हारी सेवा की।
हर रात मैं खड़ा रहा तुम्हारे सामने कटोरियाँ रंग से भरी,
ताकि तुम्हारे पास हो एक भूर्जवृक्ष, एक टिड्डा और
एक रोबिन पक्षी
मेरी स्मृति में सुरक्षित।

यह कई बरसों चला।
तुम मेरी मातृभूमि थीं क्योंकि और कोई नहीं थी।
मैंने सोचा था कि तुम सन्देशवाहक भी बन जाओगी
मेरे और अच्छे लोगों के बीच,
भले वे सिर्फ़ बीस, सिर्फ़ दस,
या कि अभी पैदा ही न हुए हों।

अब मैं नाउम्मीदी स्वीकार करता हूँ।
ऐसे क्षण होते हैं जब लगता है मैंने अपना जीवन बरबाद कर दिया।
क्योंकि तुम भाषा हो निम्नीकृतों की,
भाषा अविवेकियों की और उनकी जो घृणा करते हैं,
ज़्यादा अपने से बजाय दूसरे देशों से,
मुख़बिरों की भाषा,
पागलों की भाषा,
अपने ही भोलेपन से बीमार।

लेकिन तुम्हारे बिना मैं कौन हूँ।
एक शिक्षक भर किसी दूर देश में,
कामयाब, बिना डर और बेइज़्ज़तियों के।

हाँ, मैं तुम्हारे बिना कौन हूँ।
सबकी तरह एक दार्शनिक।

मैं जानता हूँ, यह माना जाता है कि यह मेरी शिक्षा-दीक्षा है :
व्यक्तित्व की महिमा का अपहरण,
एक नीतिपरक नाटक में एक पापी के लिए
महान महिमा एक लाल कालीन बिछाती है,
और उसी समय एक जादुई लालटेन
परदे पर बिम्ब फेंकती है मनुष्य और ईश्वर की यन्त्रणा के।

मेरी वफ़ादार भाषा,
शायद मुझे तुम्हें रिहा कराना है।
इसलिए मैं फिर भी खड़ा होऊँगा तुम्हारे सामने कटोरियाँ
रंग से भरी
उजले और साफ़ अगर सम्भव हो,
क्योंकि दुर्भाग्य में ज़रूरत होती है कुछ व्यवस्था और सुन्दरता की।

बर्कले, 1968

राजा राव से

राजा, काश मुझे पता होता
उस बीमारी का कारण।

बरसों तक मैं स्वीकार नहीं कर सका
उस जगह को जहाँ मैं था।
मुझे लगता था मुझे कहीं और होना चाहिए।

एक शहर, वृक्षों, मानवीय आवाज़ों में
उपस्थिति की विशेषता नहीं थी।
मैं आगे चलने की उम्मीद में जीता रहा।

कहीं और सच्ची उपस्थितियों का एक शहर था,
सच्चे वृक्षों और आवाज़ों और मित्रता और प्रेम का।

जोड़ो, अगर तुम चाहो, मेरा विचित्र मामला
(शिज़ोफ्रेनिया की सरहद पर)
मसीही उम्मीद से
मेरी सभ्यता की।

बेचैन तानाशाही में, बेचैन गणतन्त्र में,
एक में मैं तरसता था आज़ादी के लिए, दूसरे में भ्रष्टाचार
के अन्त के लिए।
अपने दिमाग़ में रचता हुआ एक स्थायी तन्त्र
हमेशा के लिए लक्ष्यहीन हलचल से वंचित।

आख़िरकार मैं सीख गया कहना : यह मेरा घर है,
यहाँ, समुद्री सूर्यास्तों के चमकते

कोयलों के सामने,
समुद्रतट पर, जो तुम्हारे एशिया के तटों के आमने-सामने हैं,
एक महान गणतन्त्र में, मामूली भ्रष्ट।

राजा, इससे निदान नहीं हुआ
मेरे अपराध और शर्म का।
शर्म वह न हो पाने की विफलता की
जो मैं हो सकता था।
मेरी तस्वीर
दीवार पर दैत्याकार बढ़ती है
और उसके बरक़्स
मेरी दयनीय छाया।

इस तरह मैं यक़ीन करने लगा
मौलिक पाप में
जो कुछ और नहीं सिर्फ़ पहली
जीत है अहं की।

अपने अहंकार से त्रस्त, उसके द्वारा बहकाया
मैं देता हूँ, तुम देखो, एक बना-बनाया तर्क।
मैं सुनता हूँ तुम्हें यह कहते कि मुक्ति सम्भव है
और सुकराती विवेक
अभिन्न है तुम्हारे गुरु के विवेक से।
नहीं, राजा, मुझे शुरू करना चाहिए इससे कि मैं क्या हूँ।
मैं वे राक्षस हूँ जो मेरे सपनों में आते हैं
और मुझ पर प्रगट करते हैं मेरा गुप्त सार।

अगर मैं बीमार हूँ, इसका क़तई कोई सबूत नहीं
कि मनुष्य एक स्वस्थ प्राणी है।
ग्रीस को हारना पड़ा, उसकी शुद्ध चेतना को
हमारी व्यथा को और तीख़ा करना पड़ा था।

हमें ज़रूरत थी ईश्वर की, हमें अपनी कमज़ोरी में प्यार करते हुए
और स्वर्गसुख के प्रताप में नहीं।

कोई सहायता नहीं, राजा, मेरा हिस्सा व्यथा है,
संघर्ष, अधःपतन, आत्मरति, और आत्मघृणा,
राज्य के लिए प्रार्थना,
और पास्कल का पाठ।

बर्कले, 1969

काम

डर से काँपते हुए मैं सोचता हूँ कि हो सकता है मैं
अपना जीवन पूरा करूँ
अगर सिर्फ़ मैं अपने को उकसा सकूँ सार्वजनिक आत्मस्वीकार
करने के लिए
कपट को ज़ाहिर करते हुए, अपने और अपने युग के :
हमें बोलने दिया गया था सिर्फ़ बौनों और दैत्यों की
चीत्कारों के साथ
लेकिन पवित्र और उदात्त शब्द वर्जित थे
ऐसे सख़्त दण्ड की शर्त पर कि जैसे ही कोई उनमें से एक भी
कहने की हिम्मत करता
वह खुद अपने को पहले ही तबाह सोचने लगता।

बर्कले, 1970

मछली

चीख़ों, मदहोश बकवासों, भोंपुओं की किकियाहटों, तवों और ढोलों
के शोरगुल के बीच
सबसे बड़ा प्रतिवाद था संयम की समझ बनाये रखना।
लेकिन एक साधारण मानवीय आवाज़ अपना अधिकार खो रही थी
और मछलीघर की दीवार के पीछे एक मछली के मुँह खुलने
की तरह थी।
मैंने पाया जो मेरे लिए बदा था। तिस पर भी मैं सिर्फ़
एक आदमी था,
जिसका मतलब था कि मैंने भुगता अपनी तरह के प्राणियों को
निशाना बनाते हुए।

बर्कले, 1970

इस तरह नहीं

क्षमा करो। मैं एक रणनीतिज्ञ था उन बहुतों की तरह जो पंजों
के बल चलते हैं
रात को मानवीय बस्तियों के पास से।

मैंने हिसाब लगाया कि चौकीदार कहाँ खड़े होते हैं इसके पहले
कि मैं साहस जुटा सकूँ
बन्द सरहदों के पास जाने का।

ज़्यादा जानते हुए, मैंने स्वाँग रचा कि कम काफ़ी होगा,
उन लोगों की तरह नहीं
जो गवाही देते हैं।

गोलियों से उदासीन, घनी झाड़ियों में पछियाये जाने और
अपमानों से।

समझदार लोगों और सन्तों को लाने दो, मैंने सोचा,
उपहार सारी पृथ्वी के लिए
पर भाषा के लिए नहीं।

मैं नेकनामी बचाता हूँ क्योंकि भाषा मेरा माप है।

ग्रामीण, बचकानी भाषा, जो उदात्त को भावुक में
बदल देती है

और गायनवृन्द के प्रमुख की स्तुति का भजन छिन्न-भिन्न
होता है, बाक़ी बचता है

छोटा सा पद।

मेरी आवाज़ हमेशा अधूरी थी, मैं एक अलग तरह का
कृतज्ञता-ज्ञापन करना चाहूँ।

और उदारतापूर्वक, बिना किसी व्यंग्य के, वशीभूत का यह अभिमान।

सात सीमाओं से परे, भोर के तारे के नीचे,

अग्नि, जल और सब तत्त्वों की वाणी में

बर्कले, 1972

इतना थोड़ा

इतना थोड़ा कहा मैंने।
छोटे दिन।

छोटे दिन,
छोटी रातें,
छोटे वर्ष।

इतना थोड़ा कहा मैंने,
मैं सफल नहीं हो पाया।

मेरा हृदय उकता गया
प्रशंसा से,
निराशा,
निष्ठा,
आशा से।

तिमिंगल के जबड़े
मुझे दबोचने को थे।

मैं निर्वस्त्र लेटा था तटों पर
निर्जन द्वीपों के।
मुझे रसातल में ले गयी
संसार की सफ़ेद व्हेल।

और अब मैं नहीं जानता
क्या सच था।

बर्कले, 1969

एक जापानी कवि इस्सा (1762-1826) को पढ़ते हुए

अच्छा संसार : ओस
गिरती है एक बूँद
दो बूँदें।

भारतीय स्याही में कुछ पंक्तियाँ और यह होता है।
सफ़ेद धुन्ध का विशाल मौन,
पहाड़ियों में जागरण
हंस चीख़ते हैं
ढोंकली चरमराती है
झोंपड़ी की छत से बूँदें।

या कि यह दूसरा मकान।
अदृश्य समुद्र,
दोपहर तक धुन्ध,
सिकुआ शाखाओं से टपकती हुई सघन बरसात की तरह,
भनभनाते भोंपू नीचे खाड़ी में।

इतना कर सकती है कविता लेकिन इससे ज़्यादा नहीं।
क्योंकि यह मालूम नहीं है कि दरअसल वह कौन है
जो बोलता है,
उसके स्नायु-बन्धन, हड्डियाँ क्या हैं,
त्वचा के रन्ध्र,
वह अपने को अन्दर से कैसा अनुभव करता है।
और अगर वह ष्लेम्बार्क गाँव है
जिसके बग़ल में भीगी घासों में हमें सैलामैण्डर मिले थे

चटख टेरेसा रोश्कोस्का की पोशाक की तरह,
या एक दूसरा महाद्वीप या दूसरे नाम।
कोटारबिन्स्की, ज़ावादा, एरिन, मेलानी :
इन लोगों में से कोई भी इस कविता में नहीं। वैसे ही जैसे
वह टिकी रहेगी
सिर्फ़ पास-पड़ोस और लोगों के ग़ायब होने से।

एक कोयल कूकती है
मेरे लिए, पहाड़ के लिए
बारी-बारी से।

पहाड़ी की पट्टी पर अपनी छोटी सी छत के नीचे बैठे हुए
सुनते हुए कैसे जलप्रपात हड़बड़ाता है पहाड़ी नदी की ओर
उसके सामने था वनाच्छादित पहाड़ी का लहरीलापन
सूर्यास्त के साथ, पहाड़ को छूता हुआ
और उसने सोचा : यह कैसे है कि कोयल का स्वर
हमेशा पहले यहाँ आता है या वहाँ
उसका नियत व्यवस्था में होना ज़रूरी नहीं।

कभी मत भूलो
हम नरक के ऊपर चलते हैं
फूलों को निहारते हुए।

जानना और न कहना :
इस तरह से भुलाया जाता है।
जो व्यक्त होता है सशक्त होता जाता है।
जो व्यक्त नहीं होता जाता है अनस्तित्व की ओर।
भाषा अपने से ही धोखा करती है स्पर्श-बोध के लिए
गरमाहट और कोमलता के द्वारा बनी रहती है मनुष्य जाति :
नन्हा ख़रगोश, रीछ का बच्चा और बिलौटा।

कुछ भी लेकिन पाला-मारी भोर में कँपकँपाहट नहीं,
आने वाले दिन का डर
और पहरेदार का चाबुक नहीं।

कुछ भी लेकिन सड़कों का जाड़ा नहीं,
सारी पृथ्वी पर कोई नहीं
दण्ड और अहसास
कुछ भी लेकिन

1978

वाक्य

बहिर्गमन
जब हम आये थे यहाँ सिर्फ़ एक बड़ा जंगल था,
उँगलियों की तरह सघन।

अन्तःकर्म
अगर तुम चाहो तो धरती तुम्हारे बाद युगों तक जीवित रहेगी।

निराशा का इलाज
बिजली से उपजी आग में जंगल ने मुझे शान्त किया।

मन्दिर
बियाबान में झुके हुए वे सराह रहे थे आकाश में शोभायात्रा।

बादलों से ढँका पर्वत
हिमगिरि हिरणों की बाधाओं को हाँकते हुए,
चढ़ते हुए।

नुस्खा
सीढ़ियाँ ऊपर चढ़ने से पहले अपने हाथ का खून धो डालो।

एक कलाकार की संहिता
अगर तुम्हारे काम से एक आदमी भी बच सके।

दर्शन का उद्‌गम
शरीर की गन्धों और स्रावों से हुई जुगुप्सा में
उन्होंने सुन्दर रेखाएँ खींचना सीखा।

एक आधुनिक कवि
नरक में बन्दी घोषित करता है कि नरक का अस्तित्व नहीं है।

ईमानदारी
मैं अपने सम्बन्धियों को कैसे प्यार करूँ अगर ये मारे जाने
योग्य हैं?

ख़तरा
यह सोचना डरावना है कि मैं जो कुछ भी भूल गया उसे
याद दिलाया जाएगा।

प्रकृति
जब राक्षस मुझमें नाच रहे थे मैंने अपने को एक
देवदूत समझा।

चीख़
इस तरह की ज़िन्दगी मैं नहीं चाहता था, न ऐसे शासन में न
ऐसी धरती पर!

अचम्भे का एक कारण
किन तत्त्वों के शास्ता ने हमें जन्म की प्रशंसा करने
के गीत दिये?

बानी
ब्रह्माण्ड अर्थात् दुःख बेसिर पैर मुझमें
शैतानी बानी में।

मिन्नत
नक्षत्रों की चुप्पी से हमें बचाओ।

अगर
जब मैं भाग्य को कोसूँगा, तब मैं नहीं, मुझमें जो धरती है वह।

पाइथागोरस की नियमावली से
अपनी मातृभूमि छोड़ते समय पलटकर मत देखो
प्रतिशोध की देवी तुम्हारे पीछे।

परिकल्पना

अगर, उसने कहा, तुमने पोलिश में लिखा
अपने पापों का अपने को दण्ड देने के लिए, तुम्हारा उद्धार होगा।

व्यक्तिचित्र

उसने अपने को एक मीनार में बन्द किया,
उसने प्राचीन लेखक पढ़े,
छज्जे पर चिड़ियों को दाना दिया
क्योंकि सिर्फ़ इसी तरह वह भुला सकता था खुद अपने आप को जानना।

सान्त्वना

अपने को शान्त करो। तुम्हारे पाप और अच्छे कर्म
विस्मृति ढँक लेगी।

एक कैलिफ़ोर्नियन कवयित्री आरलैण्डा ब्रूनोला से

तुम्हें कीर्ति मिले, तुम जो काँटों के राजा हो

गणतन्त्र, पूर्ण एक

सुबह से ही, ज्यों ही धूप छायाकार चिराबेलों से होकर
वहाँ पहुँचती है
वे चलते हैं पवित्र शब्द याद करते हुए : अस्ति।

बागीचे में शैतान

निश्चल देखती हुई शाखा, और ठण्डी और जीवित।

व्यवस्था

वंचित। और तुम्हें वंचित क्यों नहीं होना चाहिए?
तुमसे बेहतर वंचित रहे थे।

ईश्वरभीरु

तो आख़िरकार ईश्वर ने मेरा अनुरोध सुन लिया।
और मुझे अपनी महिमा के लिए पाप करने की अनुमति दी।

एक दवा

अगर अपनी त्वचा की गन्ध से पैदा जुगुप्सा न होती
मैं सोच सकता था कि मैं अच्छा आदमी हूँ।

उत्कण्ठा

यह इच्छा नहीं सीधे-सीधे नायकों का एक देवता बनने की
बल्कि अपने को एक वृक्ष में बदलने की, युगों तक बढ़ते रहने
और किसी
को हानि न पहुँचाने की।

पश्चगति

उनके घरों के खँडहरों में एक युवा जंगल पहले से ही
उग रहा है
भेड़िये वापस आ रहे हैं और रसभरी के झुरमुट में एक रीछ
निरापद सो रहा है।

सुबह

हम जागे ऐसी नींद से जो मुझे पता नहीं कितने हज़ार वर्ष चली
धूप में एक गरुड़ उड़ा लेकिन उसका वही आशय नहीं था।

चर्च का इतिहास

दो हज़ार वर्ष मैंने समझने की चेष्टा की कि वह कैसे हुआ।

काव्यदशा

आँखों के बजाय पीछे की ओर मुड़ा और दूरबीन, दुनिया पीछे हटती है और सब चीज़ें, लोग, वृक्ष, सड़कें छोटे हो जाते हैं लेकिन कुछ भी अपनी स्पष्टता नहीं खोता, सभी कुछ अधिक सघन हो जाता है।

पहले मेरे कविता लिखते समय ऐसे पल आते थे, इसलिए मैं जानता हूँ दूरी, निःस्वार्थ चिन्तन, ओढ़ना अपने पर एक 'मैं' जो है 'मैं नहीं', लेकिन अब हमेशा ही ऐसा है और मैं पूछता हूँ अपने आप से इसका क्या मतलब है, क्या मैं एक स्थायी काव्यदशा में पहुँच गया हूँ।

अतीत में जो कठिन चीज़ें कठिन थीं अब आसान हैं, लेकिन मुझे उत्कट आवश्यकता महसूस नहीं होती कि उन्हें लिखकर व्यक्त करूँ।

सिर्फ़ अब मैं चंगा हूँ हालाँकि मैं बीमार था, क्योंकि मेरा समय सरपट दौड़ा और जो होगा उसके डर ने मुझे त्रस्त किया।

हर पल दुनिया का तमाशा मेरे लिए नये अचम्भे का है और इसलिए इतना हास्यजनक, कि मैं नहीं समझ सकता
कैसे साहित्य उनसे निपटना चाह सकता होगा।

ऐन्द्रिय रूप से महसूस करते हुए, स्पर्श के द्वारा, हर पल मैं बस में करता हूँ दुर्भाग्य को और ईश्वर से आग्रह नहीं करता कि वह उसे दूर कर दे क्योंकि वह उसे मुझसे दूर क्यों करे जबकि वह दूसरों से उसे नहीं हटाता?

मैंने सपना देखा कि मैं अपने को पाता हूँ गहराई के ऊपर एक सँकरी पट्टी पर जिसमें देखी जा सकती थीं दैत्याकार समुद्री मछलियाँ तैरती हुई। मुझे डर लगा कि अगर मैंने देखा तो मैं गिर पड़ूँगा। इसलिए मैं पलटा मैं अपनी उँगलियों से कठोर चट्टान को सख़्ती से पकड़े था और धीरे-धीरे मैं समुद्र की ओर पीठ किये एक सुरक्षित जगह भाग आया।

मैं अधीर था और बेमतलब की चीज़ों पर वक़्त बरबाद करने से खीझा हुआ जिनमें मैंने शामिल किया सफ़ाई और
खाना बनाने को। अब मैं ध्यान देकर प्याज़ काटता हूँ, नीबू निचोड़ता हूँ, कई तरह की चटनियाँ तैयार करता हूँ।

1977

पोलिश साहित्य

पोलिश साहित्य एक अस्वाभाविक परियोजना है।
हताशा, ग़रीबी, उदासीनता वह अपनी ऊर्जा से पराजित करता है।
छुटभैये बदमाशों के साथ तुरन्त न्याय करना उसके कर्तव्यों में
शामिल नहीं है।

न ही वार्षिक शोक की पूजा-पद्धति में हिस्सेदार होना।
उसका ज़िम्मा अपमानित अभिमान को सान्त्वना देने
का नहीं है।
जब कोई उम्मीद न हो, वह बिना उम्मीद के काम चलाता है।
उसकी उत्कृष्टता तिरस्कार में नहीं, लेकिन उसका ज्ञान समय की
यवनिकाओं का है।

ज़िद करके वह अपनी ओर बढ़ता है, वह, जो अभी भी नहीं है।
वह हर बार अधिक सशक्त पैदा होता है क्योंकि वह असम्भव है।
ऊपरी ढाँचा होने के बजाय, वह नींव डालता है।
स्थितियों की क़ैद में, स्वतन्त्र, मुक्ति के वैभव को बढ़ाता हुआ।

भोर में

ओह किस क़दर ज़िद्दी। ओह, कैसे हमें ज़रूरत है ज़िद की।
सूर्योदय के पहले आकाश भर लेता है अपने को प्रकाश से।
इमारतें, पुल और सेन नदी थोड़ा गुलबिया जाते हैं।
मैं तब यहाँ था जब वह, जिसके साथ मैं चल रहा था,
पैदा तक नहीं हुई थी
और दूर मैदान में शहर खड़े थे अनछुए
समाधिशिला की ईंट की रेत के साथ हवा में उड़ जाने के पहले
और जब लोग, जो नहीं जानते थे, यहाँ रहते थे।
सच है मेरे लिए सिर्फ़ भोर का यह पल।
जीवन जो समाप्त हो चुके अनिश्चित हैं अतीत में मेरी तरह।
मैं शहर पर टोना करता हूँ, उसके बने रहने के लिए।

* * *

शुरू करना रहना एक वाक्य में जो कि ऐसा है कि मानो धातु से पीटकर निकाला गया है। कहाँ से इस तरह की इच्छा? किसी को प्रभावित करने के लिए नहीं। भावी पीढ़ी की याद में नाम बैठाने के लिए नहीं। व्यवस्था, लय और रूप की अनाम आवश्यकता, तीन शब्द जिन्हें हम अव्यवस्था और शून्यता के विरुद्ध प्रयोग करते हैं।

सिर्फ़ यह एक चीज़

एक घाटी और उसके ऊपर शरद के रंगों का जंगल।
एक यायावर आता है, एक नक़्शा उसे यहाँ ले आया
या शायद स्मृति। एक बार, बहुत पहले, धूप में
जब पहली बर्फ़ गिरी, इस रास्ते सवारी करते हुए
उसने आनन्द अनुभव किया, सशक्त, अकारण,
नेत्रों का आनन्द। सब कुछ लय थी
झूमते वृक्षों की, उड़ते एक पक्षी की,
फ़्लाईओवर के ऊपर ट्रेन की, गति का एक उत्सव।
वह लौटता है बरसों बाद, कुछ भी नहीं माँगता।
चाहता है सिर्फ़ एक अनमोल चीज़ :
बिना नाम के शुद्ध दृष्टि हो जाना
बिना अपेक्षाओं, भयों और आशाओं के,
सरहद पर जहाँ 'मैं' और 'मैं नहीं' समाप्त होते हैं।

1985

आत्मस्वीकार

हे प्रभु, मुझे पसन्द था स्ट्राबेरी जाम
और स्त्री की देह की साँवली मधुरता।
और ठण्डी वोद्का, तेल में डूबी हिलसा मछलियाँ,
गन्ध : दालचीनी और लौंग की।
तो किस तरह का पैग़म्बर हूँ मैं? क्यों कोई अन्तरात्मा
इस तरह के किसी व्यक्ति में प्रवेश करेगी? बहुत सारे और
ठीक चुने गये, विश्वसनीय थे।
और मुझ पर विश्वास कौन करेगा! क्योंकि उन्होंने देखा
मैं कैसे भोजन ढकोसता, गिलास ख़ाली करता हूँ
और कैसे लालची आँखों से मैं वेट्रेस की गरदन निहारता हूँ।
अवगुण के साथ और उस बारे में सजग। महानता की
आकांक्षा करता हुआ
जहाँ कहीं भी हो उसे पहचानने की सामर्थ्य रखता हुआ,
हालाँकि पूरी तरह से साफ़ नज़र से नहीं
मैं जानता था कि मेरे जैसे छुटभैये के लिए क्या बचा है :
तुच्छ आशाओं का भोज, घमण्डियों का जमावड़ा,
कुबड़ों का टूर्नामेण्ट, साहित्य।

1986

अपनी पत्नी यानीना को विदा कहते हुए

शोक मनाने वाली स्त्रियाँ लौटा रही थीं अपनी बहिन अग्नि को।
और अग्नि, वही जिसे हमने साथ-साथ निहारा था,
उसने और मैंने, विवाह के लम्बे बरसों के दौरान,
अच्छे और बुरे के लिए एक शपथ में बँधे हुए, अग्नि
जाड़ों की अँगीठियों की, पड़ाव के अलाव की, जलते शहरों की
प्राथमिक, शुद्ध, पृथ्वी ग्रह के आरम्भ से
उसके केश उतार रही थी, भूरे लहराते हुए,
पहुँच गयी ओठों और गर्दन तक, उसे सोखती अग्नि,
जिसकी तुलना प्रेम से करती हैं मानवीय बोलियाँ।
मैं भाषाओं की ओर आकर्षित नहीं हुआ। न ही प्रार्थना के
शब्दों की ओर।

मैं उसे प्यार करता था, बिना जाने कि वह सचमुच कौन थी।
मैंने उसे दुख दिया, अपने छलावे के पीछे भागते हुए।
स्त्रियों को लेकर मैं उसके प्रति वफ़ादार न था, सिर्फ़ वफ़ादार
उसके प्रति।
हमने बहुत सारी खुशी महसूस की और बहुत सारा दुर्भाग्य,
विच्छेद, चमत्कृत करने वाले टिकाऊपन। और यहाँ यह राख।
और समुद्रतटों से टकराता हुआ जब मैं एक ख़ाली गली से
गुज़रता हूँ
और समुद्र तटों से टकराता हुआ। और अनुभव की सार्वभौमिकता।
अपने को विस्मृति से कैसे बचाना? कौन सी शक्ति
उसे बचाती है जो था, अगर स्मृति नहीं टिकती है?

क्योंकि मुझे थोड़ा भर याद है। बहुत थोड़ा मैं याद करता हूँ।

सचमुच क्षणों की वापसी का अर्थ होगा अन्तिम फ़ैसला
जिसे दया दिन-ब-दिन हमारे लिए स्थगित करती रहती है।

अग्नि, भारीपन से मुक्ति। सेब नहीं
                    गिरता भूमि पर।
पहाड़ खिसकते हैं एक स्थान से। अग्नि-यवनिका के पीछे
एक भेड़ खड़ी है अविनाशी रूपों की बाँगर में।
आत्माएँ रौरव नरक में जलती हैं। पागल हैराक्लीटस
देखता है कैसे एक लपट संसार की बुनियादों को लीलती है।
क्या मैं शरीरों के पुनर्जीवन में यक़ीन करता हूँ? इस राख के नहीं।
मैं पुकारता हूँ, मोहित करता हूँ : कणो, अपने को खोल दो!
अलग-अलग तत्त्वों में भाग जाओ, राज्य को आने दो!
पार्थिव अग्नि के परे अपने को नये ढंग से विन्यस्त करो!

1986

संगीत में

एक बाँसुरी का विलाप, एक नन्ही ढोलक,
एक जोड़े को ले जाती हुई विवाह की छोटी सी बारात
गाँव की एक गली में, मिट्टी के बने घरों के सामने।
बहू की पोशाक में बहुत सारा सफ़ेद रेशम।
जीवन में सिर्फ़ एक बार, न जाने कितना कुछ त्यागा उसे
सिलने के लिए।
दूल्हे की पोशाक काली, अवसर के लिए कड़क।
बाँसुरी कुछ कह रही है पहाड़ियों से, झुलसी हुई,
हिरनों के रंग की।
खाद के सूखे ढेर को खखूरती मुर्गियाँ।

मैंने उसे देखा नहीं, मैंने अनुमान लगाया संगीत सुनते हुए।
वाद्ययन्त्र अपने लिए बज रहे हैं, अपने ही अनन्त में।
ओंठ फूँकते हैं, सुघर उँगलियाँ सक्रिय हैं, कितने कम समय के लिए।
जल्द ही प्रदर्शन ख़ाक में मिल जाता है
आवाज़ बची रहती है, अपने में और विजयी,
हमेशा समर्पित : उसके साथ हर बार वापस आता
कपोलों का गरम स्पर्श, घरों के अन्तरंग
और विशिष्ट मानवीय जीवन
जिसके बारे में वृत्तान्तों में कोई ज़िक्र नहीं।

और फिर भी

और फिर भी हम इतने एक-दूसरे जैसे थे
लिंगों और योनियों की अपनी सारी दुर्गति के साथ
तेज़ी से धड़कते हुए, भय और सुख में, हृदय के साथ,
और आशा के साथ, आशा के साथ, आशा के साथ।

और फिर भी हम इतने एक-दूसरे जैसे थे,
कि हवा में अँगड़ाई लेते हुए आलसी दैत्यों ने
हमको भाई-बहन समझा होगा
एक धूप भरे बगीचे में साथ-साथ खेलते हुए,
सिर्फ़ हमें इसका पता न था,
अपनी-अपनी त्वचा में, अलग-अलग बन्दी,
बगीचे में नहीं, कड़वी धरती पर।

और फिर भी हम इतने एक-दूसरे जैसे थे,
हालाँकि घास के हर तिनके की अपनी नियति थी,
जैसे कि आँगन में हर चिड़ियाँ, हर जंगली चूहे की।
और नवजात शिशु की, जिसे यान या तेरेसा नाम
दिया जाएगा,
पैदा हुआ या तो लम्बे सुख या शर्म और तकलीफ़ के लिए
सिर्फ़ एक बार, संसार के अन्त तक।

सामंजस्य

देर से आया उसके पास सामंजस्य का समय
स्वयं अपने आप से 'हाँ'– उसने कहा –
'मैं बनाया गया था कवि होने के लिए
और कुछ नहीं। सचमुच कुछ नहीं
मैं सिर्फ़ यही जानता था। बहुत शर्मसार,
फिर भी नियति को बदलने में समर्थ।'

कवि : वह जो हमेशा कुछ और के बारे में सोचता है।
उसकी अन्यमनस्कता नज़दीकी लोगों को हताश करती है।
शायद उसके पास मानवीय भावनाएँ तक नहीं।

लेकिन, अन्त में, क्यों नहीं?
मानवीय बहुलता में परिवर्तन, विभेद की भी
ज़रूरत है। चलो हम कवि से मिलें
एक छोटी बेरंग बस्ती में उसके छोटे मकान में
जहाँ वह ख़रगोश पालता, घरू वोदका बनाता
और एक टेप पर बैरागी कविताएँ रिकार्ड करता है।

अर्थ

— जब मैं मरूँगा, मैं संसार का अस्तर देखूँगा
दूसरी तरफ़, चिड़ियाँ, पहाड़ और सूर्यास्त से परे।
असली अर्थ समझ की माँग करता।
जो ग़लत लगता था, सही लगेगा।
जो पहचान के परे था, पहचाना जाएगा।

— लेकिन अगर संसार का कोई अस्तर न हुआ?
अगर शाखा पर कस्तूरिका कोई संकेत क़तई नहीं है
बल्कि शाखा पर कस्तूरिका ही, अगर दिन और रात
एक-दूसरे के बाद आते हैं बिना अर्थ की परवाह किये
और पृथ्वी पर कुछ और नहीं है, पृथ्वी के अलावा?

अगर इस तरह यह है, तब भी बचा रहेगा
एक शब्द जगाया गया क्षणभंगुर ओठों द्वारा,
जो भागता, और भागता है, एक अथक सन्देशवाही,
तारक-क्षेत्रों की ओर, आकाशगंगाओं के पालों में
और प्रतिवाद करता, शोर करता, चीख़ता।

कौन?

सड़क की लाल बत्ती के पीछे चेस्टनट वृक्षों की
युवा पत्तियाँ।
वह कौन है, जो देखता है?
वह कहाँ का है, कहाँ ग़ायब हो जाएगा, कौन
है वह, जो यहाँ होगा उसके बजाय
उसे ही देखता हुआ, फिर भी उसे ही नहीं
रक्त के अलग स्पन्दन के कारण?

और विशाल वृक्षों की शाखाएँ पहाड़ी के ऊपर बने एक खड़े
रास्ते पर
एक दूसरे की ओर झुकी हुई और इस गली में
तने के खम्भों के पीछे, एक खुली उज्ज्वलता।
किसके लिए है यह? और वह कैसे बदलती है
दृष्टि की हरेक नयी वापसी के साथ?

तुम स्वयं रहो, इस धरती की चीज़ो, तुम स्वयं रहो।
हम पर भरोसा मत करो, हमारी साँस पर,
हमारी लालची और बेईमान आँख की मनमौज पर।
हम तुम्हारी आकांक्षा करते हैं, तुम्हारे सार-तत्त्व की,
ताकि तुम बनी रहो वही जो तुम हो,
विशुद्ध, किसी के द्वारा अवलोकित नहीं।

सपने

* * *

मैंने उसे एक कम्बल में लपेटा, रोती हुई नहाने के बाद
एक कलुषित झील में।

* * *

चीड़ वृक्षों को चोट पहुँची, पर वे रुक-रुककर बढ़ते रहे।

* * *

बिल्लियों ने मछलियाँ पकड़ीं उथले पानी में दलदलों के बीच।

यह

अगर आख़िरकार मैं बता सकूँ क्या है मुझमें।
चिल्ला सकूँ : लोगो, मैंने तुमसे झूठ बोला
यह कहकर कि यह मुझमें नहीं है।
यह हमेशा वहाँ रहा है, रात-दिन।
ठीक इसी वजह से
मैं बंखान कर सका तुम्हारे भभक उठने वाले शहरों का,
थोड़े समय के तुम्हारे प्रेमों का, खेलों का जो
फफूँद गये,
कर्णफूलों, दर्पणों, कन्धे से फिसलती पट्टी का,
शयनकक्षों और रणभूमियों के दृश्यों का।

लिखना मेरे लिए एक रक्षात्मक राजनीति रहा
निशान मिटाने की। लोग पसन्द नहीं कर सकते
उस आदमी को जो वर्जित तक पहुँचता है।

मैं उन नदियों से सहायता माँगता हूँ जिनमें मैं तैरता था, झीलें
जिनमें जलबेंतों के बीच एक पुलिया, एक घाटी
जिसमें गीत की प्रतिध्वनि का साथ देती थी गोधूलि,
और मैं स्वीकार करता हूँ कि होने की मेरी अतिरंजित प्रशंसाएँ
उदात्त शैली के अभ्यास ही हो सकती थीं,
और नीचे यह था जिसे मैं नाम देने की कोशिश नहीं करता।
यह जो एक बेघर आदमी के विचार जैसा जो
भटकता है एक
ठिठुरते पराये शहर में।

और यह उस पल जैसा जिसमें घिर गया
यहूदी देखता है पास आते

जर्मन पुलिस के भारी हैलमेट।

यह उस पल जैसा जब राजकुमार नगर में
जाता है और
सच्चा संसार देखता है : दरिद्रता, व्याधि, बुढ़ापा और मृत्यु।

यह तुलना हो सकती है किसी के स्थिर चेहरे से जो
समझ गया कि
उसे हमेशा के लिए छोड़ दिया गया है।

या डॉक्टर के अटल फ़ैसले सा।

क्योंकि यह जिसका आशय है पत्थर की दीवार तक पहुँचना
और जानना कि दीवार किसी अनुनय-विनय से
मानने वाली नहीं है।

भूल जाओ

भूल जाओ तकलीफ़
जो तुमने दी।
भूल जाओ तकलीफ़
जो तुम्हें मिली।
पानी बहता है, बहता जाता है,
झरना छलकता और ओझल हो जाता है,
तुम चलते हो धरती पर मुश्किल से याद तुम्हें।

कभी-कभी तुम सुनते हो दूर पर एक गीत।
उसका क्या मतलब है, तुम पूछते हो, कौन गा रहा है?
एक बालारुण उगता है,
एक पोता और पड़पोता जन्म लेता है।
और अब तुम्हें रास्ता दिखाता है हाथ पकड़कर।

नदियों के नाम अभी भी तुम्हारे पास बचे हैं।
कितने समय तक बची रह पाएँगी नदियाँ!
तुम्हारे खेत बंजर,
शहर की मीनारें वही नहीं
तुम दहलीज पर खड़े हो, ख़ामोश।

ओ!

ओ, फूला न समाना! एक आइरिस फूल देखकर।

जम्बुकी नीला रंग एला की एक समय की पोशाक की तरह
और एक नाजुक गन्ध, उसकी त्वचा की गन्ध जैसी।

ओ, एक आइरिस फूल का बखान करने में कैसी हकलाहट,
जो खिला जब कोई एला न थी
न कोई राज्य थे
और न कोई देश।

ओ!

गुस्ताव क्लिण्ट (1862-1918)
यूदिता (एक तफ़सील)
आस्ट्रियन गैलरी,
वियेना

ओ, ओठ अधखुले, आँखें लगभग बन्द, गुलाबी
कुचाग्र तुम्हारी निपट नग्नता में, यूदिता!

तुम्हारी एक छवि के साथ वे, भागते हैं
आक्रमण करने, तोपखाने के विध्वंस से चिथड़े-चिथड़े होते हुए,
गड्ढों में गिरते हुए, सड़ाँधों में!

ओ, तुम्हारे वस्त्रों का ठोस स्वर्ण, हार के
बहुमूल्य रत्नों की पंक्तियों वाला, यूदिता, उन्हें इस तरह विदा देने
के लिए!

ओ!

साल्वेतोर रोज़ा (1615-1673)
आकृतियों के साथ दृश्य
येल विश्वविद्यालय गैलरी

ओ, चट्टानों के नीचे जल की शान्ति और दोपहर का पीला मौन
और प्रतिबिम्बित
आक्षितिज बदलियाँ!

पुरोभाग में आकृतियाँ नहाने के बाद कपड़े
पहनती हुईं, दूसरी
उस ओर के किनारे पर छोटी और रहस्यमय
अपनी क्रियाओं में!

ओ, सामान्य जीवन से निकाला गया सबसे साधारण और
उठाया गया ऐसी दशा तक
पार्थिव और अलग!

ओ!

एडवर्ड हापर (1882-1967)
होटल रूम,
थाइसैन संग्रह, लूगानो

ओ, क्या उदासी, अचेत, कि वह उदासी है!
क्या निराशा, अचेत, कि वह निराशा है!

एक व्यावसायिक स्त्री, अपने सूटकेसों के बग़ल में, वह बैठी है
एक बिस्तर पर, अधनंगी, एक लाल पेटीकोट में, उसका केशविन्यास
अनिन्द्य, उसके हाथ में संख्याओं वाला एक काग़ज़ का टुकड़ा।

तुम कौन हो? – कोई नहीं पूछेगा, स्वयं वह भी नहीं जानती।

जहाँ कहीं भी

जहाँ कहीं भी मैं होता हूँ जिस किसी भी जगह पर
पृथ्वी पर, मैं लोगों से यह जानकारी छिपाता हूँ
कि मैं यहाँ का नहीं हूँ।
मानो कि मुझे भेजा गया है, सोखने तमाम
रंग, स्वाद, आवाज़ें, गन्ध, अनुभव करने
वह सब कुछ जो
मनुष्य के हिस्से में आता है, और अपने अनुभव को
स्वरान्तरित करने
एक जादुई पंजी में और वहाँ ले जाने, जहाँ से
मैं आया था।

ज़ाहिर है

ज़ाहिर है मैंने वह नहीं कहा जो मैं सचमुच सोचता था
क्योंकि नश्वर आदर का पात्र होते हैं
और अनुमति नहीं है, वक्तव्य या लेखन में, ज़ाहिर करने की
अपनी समान क्षणभंगुरता का भेद।
अस्थिरों, अशक्तों और अनिश्चितों के लिए लक्ष्य निर्धारित है :
अपने सिर से दो सेण्टीमीटर ऊपर उठना
और किसी दुखियारे से कह सकना :
"मैं अपनी हालत पर उसी तरह रोया था।"

विरोध

एक ओर संसार, दूसरी ओर मनुष्य और देवता।

संसार अपरिवर्तनीय, अटल, विरक्त है।

यह पत्थर है जिस पर नंगे पाँव दौड़ते हुए तुम्हारे अँगूठे को ठेस
लगती थी।

मनुष्य और देवता दोष और क्षमा के निरन्तर प्रवाह में।

उनके उत्तेजित कण्ठ उचरते हैं शब्द शाप
और आशीष के।

वे अशक्त हैं, परिवर्तनीय, एक दूसरे की सहायता की आशा लिये।

मनुष्य और देवताओं के प्रेम लगातर भय में गँवाये
जाने के।

उनकी वेशभूषा, मुखौटे और गुरगाबियाँ साबित करते हैं कि वे
प्रकृति की व्यवस्था में नहीं रहना चाहते।

दोनों नश्वर और अनश्वर अपने क्षेत्र में रहते हैं,
संसार से ऊपर

भूलो मत, तुम मनुष्य हो या देवता,
तुम्हें क्या प्रणति मिलना है सूर्यों और संसार की
आकाशगंगाओं से।

एक कवि की मृत्यु पर

व्याकरण के द्वार उसके पीछे बन्द हो गये।
अब उसे खोजो शब्दकोष के जंगलों और कुंजों में।

बाद में

मुझे छोड़ गये विश्वास, आस्थाएँ, अन्धविश्वास,
अभिमत, निश्चय, नियम,
सिद्धान्त और आदतें।

एक सभ्यता की कगार पर मैं होश में आया निहंग,
जो मुझे हास्यास्पद और अबूझ लगी,

उत्तर-जेसुइट अकादेमी के मेहराबदार सभागार,
जहाँ मैंने विद्या पायी,
मुझसे शायद प्रसन्न नहीं होंगे।

हालाँकि मैंने सुरक्षित रखे
लैटिन के कुछ वाक्य।

नदी बहती थी आगे बलूत और चीड़ के जंगलों में से।

मैं खड़ा था अपनी कमर भर ऊँची घासों में, सूँघते हुए जंगली गन्ध
पीले फूलों की।

और बादल। जैसे कि वे हमेशा होते हैं उस इलाके में,
बहुत सारे बादल।

विलिया नदी के किनारे, 1999

देर से परिपक्वता

जल्दी नहीं, अपना नब्बेवाँ बरस पास
आने पर
एक दरवाज़ा अपने में खुलता हुआ और मैं दाख़िल हुआ
भोर की स्पष्टता में।

मुझे लगा कि एक के बाद एक मेरी पहले की ज़िन्दगियाँ
विदा ले रही हैं अपने दुखों के साथ, जहाजों की तरह।

देश, शहर, बग़ीचे, समुद्रों की खाड़ियाँ जो मेरे द्वारा
आँके जाने के लिए तय थीं
प्रगट हुई पहले की अपेक्षा बेहतर वर्णन के लिए।

मैं लोगों से अलग नहीं था व्यथा और करुणा ने हमें जोड़े रखा
और मैं कहता था : हम भूल गये हैं कि हम प्रभु की
सन्तान हैं।

क्योंकि हम वहाँ से आते हैं जहाँ अभी बँटवारा नहीं है
हाँ और नहीं के बीच, न ही है, होगा और था के बीच।
हम दुखी हैं क्योंकि हमने अपनी लम्बी यात्रा के लिए मिले
दान के
एक सौवें हिस्से से कम का उपयोग किया है।

पल कल के और सदियों पहले के : एक तलवार का प्रहार,
भौंहों की सँवार,
घिसी धातु से बने दर्पण में एक प्राणहर बन्दूक से गोली,

एक जहाज का समुद्री चट्टान से टकराव वे हमेशा रहते हैं, प्रतीक्षा
करते हुए परितोष की।

मुझे हमेशा पता था कि मैं मजदूर होऊँगा दाखबारी में,
उसी तरह
जैसे सब नर-नारी जो एक ही समय में रहते हैं भले वे
उसके बारे में सचेत हों
या अचेत।

अगर नहीं है

अगर नहीं है कोई ईश्वर,
तो मनुष्य को हर चीज़ की अनुमति नहीं है।
वह स्वयं अपने भाई का प्रहरी है
और उसे अनुमति नहीं है अपने भाई को दुखी करने की,
यह बताकर कि कोई ईश्वर नहीं है।

एक प्रवास

उस शहर में प्रवास एक सपने की तरह था,
और वह सपना कई बरस चला।

सच कहूँ तो मैंने किसी चीज़ की परवाह नहीं की,
जब तक मैंने यह आवाज़ सुनी जो कविताएँ लिखवाती थी।

इस ढंग से मैंने जीवन का जुगाड़ किया
और इस ढंग से मेरी नियति ने अपने को पूरा किया।

कुछ को ऐसा लगा कि मैं उनके साथ था
इसलिए उन्होंने मेरे स्वाँगों पर यक़ीन किया।

मैंने अपने को इस पर कोसा, क्योंकि मैं भिन्न होना चाहता था :
सच्चा, साहसी, उदात्त।

बाद में मैंने सिर्फ़ कहा : दहलीज़ें बहुत ऊँची हैं
मैं हूँ और मैं कुटिल बना रहूँगा, किसी को इससे क्या मतलब?

अभिभावक देवदूत

मेरा अभिभावक देवदूत स्वप्न में स्त्री का आकार लेता है।
हमेशा वही नहीं। जानता कि मुझे, कामुक को,
एक प्यारा स्पर्श चाहिए।
हम अपने अंग जोड़ते नहीं
लेकिन घनिष्ठता और सही समझ होती है।

मैं देवदूतों की उपस्थिति में यक़ीन नहीं करता था, पर सपने बदल गये हैं।
और जब हाल ही में मैंने ख़ज़ानों से भरी एक भूमिगत गुफा पायी,
हमने साथ-साथ लबादे हटाये और मैंने आग्रह किया
फिर शान्ति के एक क्षण का, नींद लाने वाला।

अब मुझे

अब मुझे समझदार होना चाहिए पहले जितना था उससे अधिक।
लेकिन मैं नहीं जानता कि इतना हो पाया हूँ।

स्मृति संयोजित करती है कलंकों और विस्मयों का इतिहास।

कलंक मैंने बन्द किये अपने तई लेकिन यह क्षण विस्मय का –
एक दीवार पर धूप की धारी पर, पीलक के एक गीत पर,
एक चेहरे पर, आइरिस के एक फूल पर,
एक कवितासंग्रह पर, एक पुरुष पर, टिकता है और लौटता है
आभादीप्त।

यह क्षण मुझे अपनी असमर्थता से ऊपर उठाता है।

तुम सब, जिनसे मैं प्रेम करता था, पास आओ, क्षमा करो
मेरे दोष, हिसाब में लेते हुए अपनी सुन्दरता की मेरी प्रशंसा।

तुम परिपूर्ण नहीं थीं पर मेरे लिए यह भौंह का विन्यास,
यह माथे का झुकाव, ये रिझाऊ भले सावधान शब्द
हो सकते थे सिर्फ़ परिपूर्ण प्राणियों के।

मैंने तुमसे अनन्त काल तक प्यार करने की शपथ ली थी,
पर बाद में
निश्चय कमज़ोर पड़ गया।
चमकती निगाहों से मेरा कपड़ा बुना गया है
वह इतना बड़ा नहीं कि स्मारक को लपेटा जा सके।

मैं शेष हूँ अलिखित शपथों के साथ स्तुति करते हुए कई
स्त्री और पुरुषों की।

उनका अतुलनीय साहस, आत्मत्याग, निष्ठा
उनके साथ ही समाप्त हो गये और कोई नहीं जानता
उनके बारे में।
कोई नहीं जानता अनन्त काल तक।

जब मैं उसके बारे में सोचता हूँ, मुझे एक अनश्वर गवाह की
ज़रूरत है
क्योंकि वही अकेला जानेगा और याद रखेगा।

उम्र नयी

शरीर मेरी आज्ञा पर ध्यान नहीं देना चाहता।
वह गिरता है चौरस रास्ते पर, उसे कठिनाई होती है सीढ़ियाँ
चढ़ने में।
उसके प्रति मेरी दृष्टि व्यंग की है। मैं हँसता हूँ
मांसपेशियों के झूलने पर, पाँवों के घिसटने पर, अन्धेपन पर,
सभी लक्षण धुर बुढ़ापे के।

सौभाग्य है कि रात को मैं अभी भी कविताएँ रचता हूँ।
हालाँकि अगर मैं सुबह लिखूँ तो बाद में अर्थ नहीं निकाल पाता।
मेरी मदद करते हैं बड़े किये अक्षर कम्प्यूटर के।
जिसके आने तक मैं रहा आया जो कि एक उपलब्धि है।

कैसे

मैं समझ नहीं पाता, तुम कैसे ऐसा संसार रच पाये,
मानवीय हृदय के लिए पराया, क्रूर।
जिसमें पिशाच मैथुन करते हैं, और मृत्यु
मूक प्रहरी है समय की।

मैं यह विश्वास नहीं कर पाता कि तुम यह चाहते थे।
यह अवश्य कोई प्राक्-ब्रह्माण्डीय दुर्घटना रही होगी,
अकर्मण्यता की विजय, तुम्हारी इच्छा से अधिक शक्तिशाली।

यायावर रब्बी जिसने तुम्हें हमारा पिता कहा
निहत्था मनुष्य इस धरती के नियमों और जानवरों के विरुद्ध,
अपमानित, हताश,
उसे समर्थन करने दो मेरा
तुमसे मेरी प्रार्थनाओं में।

एक कविताक्रम 'सेवेरिन नाम का पुरोहित' का हिस्सा

ऐसा एक प्रबन्ध

ऐसा एक प्रबन्ध युवा व्यक्ति नहीं लिखेगा।
हालाँकि मैं नहीं सोचता कि मृत्यु का भय उसे लिखवाता है।
यह कई प्रयत्नों के बाद मात्र कृतज्ञता-ज्ञापन है,
और अपकर्ष को विदा भी,
जिसमें काव्यभाषा पड़ गयी मेरे समय की।

ब्रह्मविज्ञान क्यों? क्योंकि पहले को पहला होना चाहिए।

यह वह है जो समझ है सच की। और विशेषतः कविता
अपने भयभीत पक्षी जैसे व्यवहार से
पारदर्शी काँच के विरुद्ध फड़फड़ाते हुए, साक्ष्य देती है,
कि हम रह नहीं सकते माया में।

लौटने दो सचाई को हमारी भाषा में।
जिसका अर्थ है बोध जो सम्भव
नहीं परम सन्दर्भ के बिना।

कविता 'ब्रह्मविज्ञान का एक प्रबन्ध' का एक अंश

धर्म हम अर्जित करते हैं

धर्म हम अर्जित करते हैं लोगों पर अपनी दया से।

वे ईश्वर की देखरेख के बिना रहने के लिए बहुत कमज़ोर
होते हैं।

बहुत कमज़ोर, नारकीय चक्रों के चरमराते चक्कर को सुनने
के लिए।

सहानुभूति, दया और समझ की एक आवाज़ के बिना

हममें से कौन सृष्टि से सहमत हो सकता है?

मानवता का अर्थ है आकाशगंगाओं के बीच पूरा अलगाव है।

पर्याप्त कारण कि, दूसरों के साथ, मन्दिर बनाओ

अकल्पनीय करुणा के।

कविता 'ब्रह्मविज्ञान का एक प्रबन्ध' का एक अंश

सच कहूँ

सच कहूँ तो मैं कुछ नहीं समझता, सिर्फ़
हमारा आनन्द-नृत्य, विशाल पूर्णता के कणों का।

वे जन्मते और मरते हैं, नृत्य नहीं रुकता, मैं अपनी आँखें
ढाँकता हूँ
मेरी ओर भागते हुए बिम्बों के दबाव से अपने को बचाते हुए।

हो सकता है मैं मुद्राओं, और शब्दों, क्रियाओं का स्वाँग भरता हूँ
अपने लिए निर्धारित समय के मैदान के टुकड़े में ठहरा हुआ।

कर्मकाण्डी, यह जानते हुए, मैं निबाहता हूँ
एक दिन के स्वामी के लिए जो निर्धारित है।

कविता 'ब्रह्मविज्ञान का एक प्रबन्ध' का एक अंश

अगर मेरे पास न होता

अगर मेरे पास न होता इस बारे में विपुल ज्ञान
जो कि कहा जाता है अभिमान, अहंकार या आत्मरति,

मैं ले सकता था गम्भीरता से यह तमाशा जो ख़त्म
होता है
परदा गिरने से उतना नहीं जितना साफ़ आसमान से गिरी
बिजली से।

लेकिन इस तमाशे की कामेडी इतनी बेमिसाल है
कि मृत्यु लगती है अभद्र दण्ड दयनीय
कठपुतलियों को,
उनके आत्मप्रशंसा के खेलों और अविश्वसनीय सफलताओं के लिए।

मैं इस बारे में विषाद से सोचता हूँ अपने को देखते हुए
खेल के भागीदारों में।

और तब मैं स्वीकार करता हूँ कि मेरे लिए कठिन है अनश्वर
आत्मा में विश्वास करना।

कविता 'ब्रह्मविज्ञान का एक प्रबन्ध' का एक अंश

ऑरफ़ियस और यूरीडिसी

दिवंगत पत्नी केरोल को समर्पित

पाताललोक के प्रवेश द्वार के बग़ल के रास्ते के पटियों
पर खड़े हुए
ऑरफ़ियस कुबड़ाता गया हवा के तेज़ झोंके से
जिसने उसका कोट फाड़ दिया, वह कुहरे के गोलों को लुढ़का
रही थी,
वह वृक्षों की पत्तियों में अपने को फेंक रही थी। कारों की बत्तियाँ
कुहरे की हर नयी लहर के साथ, मद्धम पड़ीं और चमकीं।

वह रुका काँच लगे दरवाज़े पर, अनिश्चित
कि वह आख़िरी सुनवाई के लिए काफ़ी समर्थ है।

उसने याद किये, उसके शब्द : "तुम अच्छे आदमी हो।"
उसने उस पर पूरी तरह यक़ीन नहीं किया। गीतकार-कवियों के
आम तौर पर, जैसा कि उसे पता था, हृदय ठण्डे होते हैं।
यह एक चिकित्सासम्बन्धी बन्दिश जैसी है। कला में परिपूर्णता
दी जाती है इस तरह के सन्ताप के बदले।

सिर्फ़ उसके प्यार ने उसे गरमाया था, उसे मनुष्य बनाया था।
जब वह उसके साथ होता था, अपने बारे में और तरह से
सोचता था।
वह उसे अब निराश नहीं कर सकता था, जबकि वह मर
चुकी थी।

उसने दरवाज़ा ठेला। वह बरामदों और लिफ़्टों की
भूलभुलैयाँ में चलता गया।

नीलाभ प्रकाश प्रकाश नहीं, धरती का अँधेरा था।
इलेक्ट्रानिक कुत्ते उसके पास से बेआवाज़ गुज़र गये।
वह कई मंज़िलें नीचे उतरा, एक सौ, तीन सौ, नीचे।
उसे लगातार ठण्ड लग रही थी। उसने पाया कि वह कहीं
नहीं में है।
हज़ारों हिमीभूत शताब्दियों के नीचे,
राख की रोड़ी पर भस्म हुई पीढ़ियों की,
एक ऐसा राज्य जिसका लगता है न तल था, न अन्त।

ठसाठस भरी परछाइयों के चेहरों ने उसे घेर लिया।
उसने कुछ चेहरों को पहचाना। उसने अपने लहू की लय
महसूस की।
उसने अपना जीवन उसके गुनाह के साथ महसूस किया
और उसको उनसे मिलने में डर लग रहा था जिनका उसने
नुकसान किया था।
लेकिन वे याद करने की सामर्थ्य खो चुके थे।
उन्होंने उसे अनदेखा किया, जो हो रहा था उससे उदासीन।

अपने बचाव के लिए उसके पास सप्ततन्त्री वीणा थी।
उसमें वह ले गया था धरती का संगीत, अतल के विरुद्ध
जो सारी आवाज़ को मौन में दफ़्न कर देता है।
संगीत उस पर हावी हुआ। तब वह निष्चेष्ट था।
उसने अपने को आदिष्ट गीत से घेर लिया ध्यान से सुनते हुए।
अपनी वीणा की तरह अब वह सिर्फ़ एक उपकरण था।

इस तरह वह पहुँचा उस लोक के शासकों के प्रासाद में।
पर्सिफ़ोन ने नंगी शाखाओं और गाँठदार टहनियों से काले
मुरझाये नाशपाती और सेब के वृक्षों के उद्यान में,
उसका गहरे बैंगनी नीलम का सिंहासन, उसे सुना।

उसने गाया सुबहों का उजलापन और हरियाली में नदियाँ,
गुलाबी भोर के धुँधले जल के बारे में
रंगों के बारे में : शिंगरफ, किरमिज़ी,
गेरुआ, नीला,

संगमर्मर की खड़ी चट्टानों के नीचे समुद्र में तैरने का आनन्द।
एक मछुआरे बन्दरगाह की धमाचौकड़ी में अटारी पर भोजन
के बारे में।
शराब, नमक, जैतून के तेल, सरसों, बादाम, स्वाद के बारे में।
अबाबील की, बाज़ की उड़ान के बारे में,
खाड़ी के ऊपर पैलिकन के एक झुण्ड की गर्वीली उड़ान
के बारे में।
गर्मियों की बारिश में अंजलि भर लाइलैक फूलों की गन्ध
के बारे में।
अपने शब्दों को मृत्यु के विरुद्ध रचने के बारे में
और शून्यता की स्तुति में उसने कोई तुक नहीं बनायी।

मैं नहीं जानती, देवी बोली, कि तुम उसे प्यार करते थे,
लेकिन तुम यहाँ तक आये हो उसे रिहा कराने।
और वह तुम्हें लौटा दी जाएगी। बहरहाल, कुछ शर्तें हैं।
तुम्हें उससे बोलने की अनुमति नहीं है। न ही वापसी की
यात्रा में
तुम्हें अपना सिर मोड़ने की यह आश्वस्त होने के लिए कि वह
तुम्हारे पीछे है।

और फिर हर्मीज़ यूरीडिसी को सामने लाया।
उसका चेहरा बदला हुआ, बिलकुल भूरा,
उसकी पलकें झुकी हुईं, उसके नीचे कोड़ों की छाया।
वह भारी क़दमों से चल रही थी, हाथ द्वारा संचालित
अपने पथप्रदर्शक के। उसने बहुत चाहा
उसका नाम उचारना, उस नींद से उसे जगाना।
पर उसने संयम बरता जानते हुए कि उसने शर्तें मानी थीं।

और उनकी यात्रा शुरू हुई। वह पहले, और फिर लेकिन
एकदम से नहीं,
देवता के चप्पलों की थाप और हलकी टपटप
उसके पैर बँधे कफ़न जैसी पोशाक से।
एक सीधी ढलुवाँ चढ़ती हुई पगडण्डी टिमटिमाती थी।
अँधेरे में एक सुरंग की दीवारों की तरह।

वह रुकता था और सुनता था। लेकिन फिर वे भी
रुक जाते थे, प्रतिध्वनि मन्द पड़ जाती थी।
जब वह फिर चलना शुरू करता, दुहरी चाप फिर होने लगती।
कभी वह लगती पास, कभी अधिक दूर।
उसके विश्वास के अन्दर एक सन्देह उभर आया।
और उसने इसे इश्कपेंचा की तरह लपेट लिया।
रोने में असमर्थ, वह रोया ध्वस्त होने पर
मानवीय आशा के मृतकों के पुनर्जीवन की,
लेकिन अब वह और सब दूसरे नश्वरों जैसा ही था,
उसकी वीणा मौन थी और वह बिना किसी बचाव के नींद में
खोला गया।
वह जानता था कि उसे विश्वास होना चाहिए और वह विश्वास
नहीं कर पा रहा था।
और काफ़ी लम्बे समय तक बची रही यह अनिश्चित सचाई
अपनी ही पदचापों को गिनने की तन्द्रा।

सुबह हो रही थी। चट्टान के किनारे दीखने लगे
पाताल से प्रस्थान की प्रदीप्त आँख के नीचे।
और वैसा ही हुआ जैसा उसने महसूस किया था। जब उसने अपना
सिर घुमाया,
उसके पीछे रास्ते पर कोई न था।

सूर्य। और आकाश, और उसमें बदलियाँ।
सिर्फ़ अब उसमें सब कुछ चीख़ रहा था : यूरीडिसी!
मैं तुम्हारे बिना कैसे रह रहूँगा, ओ मेरी सान्त्वना-सखी!
लेकिन जड़ी-बूटियों की सुगन्ध थी, मधुमक्खियों का नीचे
सघन गुंजार।
और उसे नींद आ गयी उसका कपोल गरम धरती पर।

कवि, गद्यकार, निबन्धकार, अनुवाद और 1980 में नोबेल पुरस्कार से विभूषित चेस्लाव मीलोष का जन्म 30 जून, 1911 को लिथुआनिया के एक गाँव षेतेइन्ये में हुआ जो उस समय पोलैण्ड का हिस्सा था।

1929 में उन्होंने उच्चतर माध्यमिक शिक्षा समाप्त की और 1933 में उन्होंने विल्न्यूस विश्वविद्यालय में कानून की पढ़ाई समाप्त की। 1930 में उनकी दो कविताएँ 'अल्मा मैटर विल्नेन्सिस' नामक अकादेमिक पत्रिका में प्रकाशित हुईं। 1931 में वे एक छात्रवृत्ति पर पैरिस गये। उसी वर्ष 'जागारि' नाम की एक पत्रिका और एक समूह स्थापित हुए जिसके रचयिताओं में मीलोष शामिल थे। 1933 में उनका पहला काव्य-संग्रह 'पाला-लगे समय में कविता' और सामाजिक कविता का एक संचयन प्रकाशित हुए। 1934 में उन्हें अपनी कविता के लिए विल्न्यूस साहित्य संघ से एक पारितोषिक मिला। वे 1934 में एक वर्ष के लिए फिर पैरिस गये। 1936 में उनका दूसरा कवितासंग्रह 'तीन जाड़े' निकला जिसे पोलिश साहित्य-जगत में एक घटना माना गया। 1937 में वे इटली गये और वहाँ से लौटकर वे वार्षावा में बस गये। 1938 में उन्हें अपनी कहानी 'हिसाब-किताब' के लिए पारितोषिक मिला। युद्धपूर्व की कई पत्रिकाओं में उनके निबन्ध प्रकाशित हुए जिन पर व्यापक चर्चा हुई।

सितम्बर 1939 में पोलिश रेडियो के अन्य कर्मचारियों के साथ मीलोष को पूर्वी पोलैण्ड में शरण लेनी पड़ी। जब 17 नवम्बर को रूसी लाल सेना ने पोलैण्ड पर हमला किया तो वे रूमानिया भाग गये। लेकिन वे पश्चिमी यूरोप नहीं गये, दूसरे कई लेखकों और राजनैतिक व्यक्तियों की तरह; वे पोलैण्ड वापस आ गये। जनवरी 1940 में वे वापस विल्न्यूस पहुँचे और जब लाल सेना ने लिथुआनिया पर कब्ज़ा कर लिया तो वे वार्षावा आ गये जहाँ उन्होंने विश्वविद्यालय के पुस्तकालय में चौकीदार के रूप में काम किया। उन्होंने भूमिगत साहित्यिक गतिविधियों में सक्रिय हिस्सा लिया। 1940 में उन्होंने यान सिरूच के छद्म नाम से 'कविताएँ' शीर्षक एक संग्रह प्रकाशित किया। 1942 में उन्होंने 'स्वतंत्र गीत' शीर्षक एक संचयन का सम्पादन किया जिसमें देशभक्त कविताएँ थीं। वार्षावा विप्लव के दमन के बाद उन्होंने वार्षावा छोड़ दिया और 1945 में उन्होंने क्राकूव में रहना शुरू किया। वे 'सर्जनात्मकता' नामक एक पत्रिका के सम्पादक-मण्डल में शामिल हो गये और उनका एक संग्रह 'मुक्ति' शीर्षक से प्रकाशित हुआ। वह एक बड़ा संग्रह था जिसमें युद्ध के पहले और नाज़ी कब्ज़े के दौरान लिखी गयी कविताएँ थीं। 1945 से 1961 तक मीलोष ने पोलिश विदेश मंत्रालय के अन्तर्गत प्रशासनिक दायित्व निभाया,

पहले न्यूयार्क और वाशिंगटन में संस्कृति अधिकारी के रूप में और बाद में पैरिस में पोलिश दूतावास के सचिव के रूप में। 1951 में वे राजनैतिक प्रवासी बन गये। पहले वे पैरिस में ही रहे आये 1960 तक। उस दौरान उन्होंने एक निबन्ध-पुस्तक 'क़ैदी दिमाग़' 1953, कवितासंग्रह 'दिन का उजाला' 1953, उपन्यास 'सत्ता हथियाते हुए' 1953, और 'इस्सा की घाटी' 1955 और 'कविता पर प्रबन्ध' प्रकाशित किये।

1957 में पोलैण्ड में एक पत्रिका में मीलोष की कुछ कविताएँ और उनके बारे में आलोचकों के विधेयात्मक मत प्रकाशित हुए। उसके बाद बरसों तक मीलोष की कृतियाँ आधिकारिक रूप से पोलेण्ड में उपलब्ध नहीं थीं। 1968 में उनका एक निबन्धसंग्रह 'सुपरिचित यूरोप' प्रकाशित हुआ और एक और पुस्तक 'महाद्वीप'। उसी वर्ष उन्हें निर्वासित पोलिश लेखकों के संगठन ने पुरस्कृत किया। 1960 में वे अमरीका गये, कैलीफ़ोर्निया और इण्डियाना विश्वविद्यालयों के निमन्त्रण पर। वे बर्कले में कैलीफ़ोर्निया विश्वविद्यालय के स्लाविक साहित्य और भाषा विभाग में आचार्य के पद पर नियुक्त हुए। 1962 में उनका एक कविता संग्रह 'राजा पोप्येल और अन्य कविताएँ' प्रकाशित हुआ। एक निबन्ध भी 'बिच्छुओं के बीच एक आदमी'। 1965 में एक और संग्रह निकला जिसका शीर्षक था 'मोहित गूचो'। उसी वर्ष उन्होंने अंग्रेज़ी में युद्धोत्तर पोलिश कविता का एक संचयन संपादित और प्रकाशित किया। उन्होंने अनुवाद स्वयं किये थे। 1969 में उनका लिखा पोलिश साहित्य का इतिहास प्रकाशित हुआ। 1969 में ही कई प्रकाशन आये 'नामहीन शहर' कविता संग्रह और निबन्ध-संग्रह 'सैन फ्रेंसिस्को खाड़ी से दृश्य'। 1972 में एक और निबन्ध-संग्रह आया, 'निजी कर्त्तव्य'।

मीलोष की कविताओं का अंग्रेज़ी अनुवाद में पहला संचयन 'सिलेक्टेड पोयम्स' 1973 में निकला। उसके बाद अंग्रेज़ी में 'पोयम्स', 1977 में, 'बैल्स इन विण्टर', 1978 में दो संचयन प्रकाशित हुए। 1974 में पोलिश में उनका नया कवितासंग्रह 'जहाँ सूरज उगता और जहाँ अस्त होता है' आया और उन्हें पोलिश पेन क्लब का पुरस्कार पोलिश कविता के अंग्रेजी अनुवाद के लिए मिला।

1976 में मीलोष को जर्मनी का गुगेनहाइम पुरस्कार, 1977 में मिशीगन विश्वविद्यालय की मानद डाक्टोरेट, नोइश्टाड अन्तरराष्ट्रीय पुरस्कार और कैलीफ़ोर्निया विश्वविद्यालय का सर्वोच्च पुरस्कार 'बर्कले साइटेशन' मिले। 1977 में उन्होंने 'उल्रो का देश' और 'मेरा युग' दो निबन्ध-संग्रह प्रकाशित किये। 1978 में उन्होंने पैरिस में बाइबिल के अपने पोलिश अनुवाद प्रकाशित करना शुरू किये। 1980 में साहित्य के लिए नोबेल पुरस्कार मिला। तब से 1988 तक पोलैण्ड में अधिकृत रूप से प्रकाशित होने दिये गये हालाँकि सेंसर द्वारा यथोचित संशोधनों के साथ।

1981 में मीलोष पोलैण्ड आये और उन्हें लूब्लीन कैथोलिक विश्वविद्यालय द्वारा डाक्टोरेट की मानद उपाधि दी गयी। इसी वर्ष पहले पैरिस और बाद में पोलैण्ड

में उनका कवितासंग्रह 'मोती के बारे में स्तुति' प्रकाशित हुआ। 1984 में उनका अगला संग्रह 'अप्राप्य पृथ्वी' निकला और 1985 में एक निबन्ध-संग्रह 'अपनी गली से शुरू करते हुए' प्रकाशित हुआ। 1988 में मीलोष ने पोलैण्ड में पहले पहल प्रकाशित होने वाला अपना पहला संग्रह 'वृत्तान्त' प्रकाशित किया। 1989 में उनकी चुनी हुई कविताओं का संचयन 'आधिभौतिक यति' निकला।

1986 में उनकी पत्नी यानीना का देहान्त हुआ जिनके लिए मीलोष ने 'यानीना की मृत्यु पर' शीर्षक कविता लिखी।

1989 में मीलोष फिर पोलैण्ड की यात्रा पर आये जब वहाँ विशाल सामाजिक परिवर्तन हो रहे थे जोकि सोलीडेरिटी आन्दोलन द्वारा शुरू किये गये थे। तब उन्हें याग्येलोन्यन विश्वविद्यालय की मानद उपाधि मिली। उन्हें उसी वर्ष हार्वर्ड विश्वविद्यालय ने भी मानद उपाधि दी। 1992 में उन्होंने 'मातृभूमि की खोज में' शीर्षक पुस्तक प्रकाशित की जिसमें उन्होंने लिथुआनिया की संस्कृति, इतिहास और भूगोल का विश्लेषण किया। उसी वर्ष, बावन वर्षों के अन्तराल के बाद, वे पहली बार लिथुआनिया गये। वहाँ उन्हें वीतोल्द महान विश्वविद्यालय की मानद उपाधि दी गयी। (और इसी तरह का सम्मान उन्हें बोलोन और रोम विश्वविद्यालयों से भी मिला।) अपनी श्रेष्ठ उपलब्धि के लिए उन्हें लिथुआनिया का सर्वोच्च पुरस्कार भी मिला।

1993 में क्राकूव में उनकी सम्पूर्ण कविताएँ तीन ज़िल्दों में प्रकाशित हुईं और उन्हें इसी वर्ष क्राकूव की मानद नागरिकता दी गयी। मीलोष अब क्राकूव में ही रहते हैं।

1997 में उन्होंने प्रकाशित किये : कविताओं और काव्यात्मक गद्य का संग्रह 'गली का कुत्ता' और 'मीलोष का क ख ग'। 1998 में 'मीलोष का दूसरा क ख ग' और उन्हें नीके पुरस्कार 'गली का कुत्ता' के लिए मिला। 1999 में उन्होंने 'दूसरे दशक में सैर' नामक पुस्तक प्रकाशित की; दो कविता-संग्रह भी 'यह' (2000) 'दूसरा स्थान' (2002) और एक लम्बी कविता, दूसरी पत्नी कैरोल को समर्पित 'आरफ़ियस और यूरीडिसी' (2002)।

2001 में क्राकूव के दो प्रकाशनगृहों ने उनके सम्पूर्ण साहित्य को कई ज़िल्दों में प्रकाशित करना शुरू किया।

अन्तःकरण का आयतन

ज़बीग्न्येव हेर्बेर्त की कविताएँ

अन्तःकरण का आयतन

1

सातवें दशक की बात है। पेंगुइन बुक्स ने *'पोस्ट वार पोलिश पोएट्री'* नामक एक संकलन प्रकाशित किया जिसे मई 1970 में मैंने दिल्ली से खरीदा और एक बेहद छोटी-सी जगह सीधी में पढ़ा। उससे पहले मैंने किसी ब्रिटिश पत्रिका में, सम्भवतः आयन हैमिल्टन की पत्रिका 'द रिव्यू' में ज़्बिग्न्येव हेर्बेर्त की कुछ कविताएँ अंग्रेज़ी अनुवाद में देखी थीं। लेकिन इस संकलन में उनकी कविताएँ—किसी अन्य पोलिश कवि से अधिक—इतनी सारी और एक साथ पाकर मैं आश्चर्य से भर गया। उस आश्चर्य को प्रीतिकर कहना कठिन है क्योंकि ज़्बिग्न्येव हेर्बेर्त में गहरी ऐतिहासिक विडम्बना, सख़्त बौद्धिकता और अपने समय में निजता को बचाने का दुर्लभ संयोग था, जो बेचैन करने वाला था। मुझे तब शायद पूरी तरह से यह समझ में नहीं आया कि नाज़ी दमन और सोवियत दमन के लम्बे अनुभव ने ज़्बिग्न्येव हेर्बेर्त में जो प्रतिरोध पैदा किया था उसमें एक तरह की क्लैसिकल तीक्ष्णता के साथ-साथ अद्भुत संयम भी था : एक ऐसे समाज में जहाँ उन दिनों बहुत सावधानी बरतना आत्मरक्षा के लिए ज़रूरी था, ज़्बिग्न्येव हेर्बेर्त ने विडम्बना और संयम का जो निजी काव्यशास्त्र गढ़ा था उसमें इतिहास के अन्तर्विरोध देखने-समझने और कविता में उन्हें चरितार्थ करने की जो शक्ति थी वह एक साथ बौद्धिक और ऐन्द्रिय थी। बिम्ब, विचार और भाव में कोई फाँक नहीं थी। कवि न तो किसी नैतिक ऊँचाई से, न किसी बौद्धिक दूरी से बोल रहा था : वह हिस्सेदार आवाज़ थी, जो अपने वैसा होने और उस ख़ास जगह और उलझे हुए वक़्त में होने के प्रति आत्मसजग तो थी, नाटकीय नहीं। इस आवाज़ में निपट मानवीयता, तात्कालिकता और गरमाहट थी। मध्य यूरोप के

एक लगभग अज्ञात भूखण्ड से एक आदमी हमसे सीधे और सचाई से बोल रहा था : हम उसकी आवाज़ सुन-समझ कर ख़ुद अपनी जगह और समय को कुछ अलग ढंग से देख-समझ सकते थे। मुझे अभी भी याद है 'फोर्टिनब्रास का शोकगीत' की ये पंक्तियाँ :

अब अलविदा राजकुमार कई काम हैं मुझे एक नाले की परियोजना
और एक फ़रमान वेश्याओं और भिखारियों के लिए
और क़ैदख़ाने के लिए भी मुझे एक बेहतर योजना को रूप देना है
जैसा कि तुम ठीक ही कहते थे डेनमार्क भी एक क़ैदख़ाना ही है
लगूँ अब अपने काम से इस रात एक सितारे ने जन्म लिया
उसका नाम हैमलेट अब हमारा फिर कभी मिलना नहीं होगा
मेरा बचाखुचा तो एक ट्रेजेडी के लायक भी नहीं होगा

अनुवाद : आग्न्येषका कुच्क्येविच–फ्राश और कुँवर नारायण

1974 में अपनी पहली विदेश यात्रा के दौरान मैंने चैकोस्लोवाकिया में पाया कि साम्यवादी व्यवस्था में अनेक कवियों और कलाकारों की ही तरह रंगकर्मियों ने क्लैसिक्स को अपने प्रतिरोध का माध्यम बनाया था : बेरहम और कट्टर सत्ता किसी क्लैसिक के खेले जाने का विरोध नहीं करती थी और उसके सहारे व्यापक समाज सत्ता से अलग था उससे सर्वथा असहमत विचारों को सुन-समझ सकता था। क्लैसिक कहाँ तो स्वयं समाज के व्यवस्थापक माने जाते हैं, जबकि साम्यवादी समाजों में उनकी प्रतिरोधात्मक भूमिका बन गयी। ज़्बिग्न्येव हेर्बेर्त में जो क्लैसिकल तत्त्व है वह इसी प्रतिरोध से समरस है। ग्रीक दार्शनिकों या रोमन राज्य की किसी उक्ति या छवि को ज़्बिग्न्येव हेर्बेर्त अपनी कविता की काया में यों शामिल कर देते हैं कि वह एक सशक्त और विडम्बनापूर्ण प्रतिबिन्दु बन जाती है : वह वर्तमान को अवमूल्यित या अतीत को महिमामण्डित करने का कोई सरलीकृत यत्न नहीं है। वह इतिहास की अनेक क्रूरताओं, तुच्छताओं, गरिमा के रास्ते में

हर समय आने वाले अवरोधों को याद करते हुए अपने समय को सहने-समझने की कोशिश है। यों तो ज़्बिग्न्येव हेर्बेर्त की कविता अपने आप में आशा-निराशा के सरल द्वैत का प्रत्याख्यान है—अधिक-से-अधिक उसका एक पाठ सम्भवतः पोलैण्ड में तत्समय यह रहा होगा कि हर समय किसी पिछले समय से मिलता-जुलता समय होता है और कि कितना ही असह्य क्यों न हो, हर समय अन्ततः बीत ही जाता है।

2

यों तो सभी कवि अपनी सभ्यता के सन्दर्भ और उसके प्रभाव में लिखते हैं। लेकिन कुछ होते हैं जिनका सभ्यता का अवबोध बहुत गहरा और अत्यन्त सक्रिय होता है। उन्हें यह भान होता है कि कविता पर सभ्यता के कुछ तत्त्वों, जैसे गरिमा, न्याय, उत्तरजीविता आदि को सहेजने-बचाने और अपने समय में उनकी मानवीय सम्भावना को बनाये रखने की ज़िम्मेदारी है। हर युग में सभ्यता पर बर्बरता प्रहार करती है। हर युग की कविता बर्बरता का दबाव महसूस करती है। ज़्बिग्न्येव हेर्बेर्त की एक गद्य पुस्तक के शीर्षक से शब्द उधार लेकर कहें हर बगीचे में एक बर्बर दाख़िल हो ही जाता है। ज़्बिग्न्येव हेर्बेर्त इस दुखद सचाई को बखूबी जानते थे कि इतिहास सिर्फ़ सभ्यताओं का नहीं, बर्बरताओं का भी इतिहास है बल्कि दोनों के बीच एक असमाप्य द्वन्द्व का। बीसवीं शताब्दी के उत्तरार्द्ध में पश्चिमी दुनिया में जिस तरह से तानाशाहियों का उदय और वर्चस्व बढ़ा उससे भी ज़्बिग्न्येव हेर्बेर्त लगातार दो-चार होते रहे : वे उसका शिकार जरूर थे लेकिन उसके प्रतिरोध में अदम्य और अटल भी। यह कहा जा सकता है कि बर्बरताओं के बीच वे एक माली थे जिसे निश्चय ही यह पता था कि बर्बर बियाबान उनके बगीचे को अन्ततः लील जाएगा। ज़्बिग्न्येव हेर्बेर्त ने अपनी यात्राओं के दौरान पश्चिमी सभ्यता के अनेक स्मारक, कलाकृतियाँ, ध्वंसावशेष देखे-परखे थे। उन्हें अच्छी तरह से मालूम था कि उस सभ्यता के अन्तर्विरोध और विडम्बनाएँ क्या और कहाँ हैं। पर ज़्बिग्न्येव हेर्बेर्त यह भी उतनी ही अच्छी तरह जानते थे कि इस सभ्यता को प्रश्नांकित करने की दृष्टि भी इसी सभ्यता की देन है।

अपनी कविताओं के लिए ज़्बिग्न्येव हेर्बेर्त ने जो चरित्र-मिथक कागीटो के नाम से गढ़ा वह पश्चिमी सभ्यता की प्रश्नाकुल विडम्बना का एक बेहद मार्मिक और सम्भावनापूर्ण प्रतीक बन जाता है। वह अनेक मुद्दों, समस्याओं, चीज़ों पर सोचता है और उसका यह चिन्तन ऐन्द्रिय और वैचारिक एक साथ है। उसमें कभी विषण्ण समझदारी, कभी हास्यास्पद विडम्बना, कभी प्रखर दृष्टि, कभी मोहक धुन्ध आदि ज़ाहिर होते हैं।

मुझे फिर याद आता है कि 1985 में अपनी पहली अमरीका यात्रा के दौरान मेरे हाथ एक सुमुद्रित कविता-पुस्तिका लगी जिसमें ज़्बिग्न्येव हेर्बेर्त की लम्बी कविता 'घेराबन्द शहर से रपट' का अंग्रेज़ी अनुवाद था। उसकी यह पंक्तियाँ—

अगर शहर का पतन भी हो जाए लेकिन एक कोई बचा रहे
तो वह शहर उठाए चलेगा अपने अन्दर देशनिकाले के रास्तों
पर वह शहर होगा

हम भूख का चेहरा देखते हैं आग का चेहरा मौत का चेहरा
और सबसे बुरा—राजद्रोह का चेहरा

और हमारे सपने भर अपमानित नहीं हुए हैं

यह कहना अनावश्यक है कि यह कविता ज़्बिग्न्येव हेर्बेर्त के सभ्यता-सरोकारों से उपजी है। उसी का यह केन्द्रीय अनुभव है कि 'जिन पर बदनसीबी आती है वे हमेशा अकेले होते हैं/दलाई लामा के प्रतिरक्षक कुर्द अफ़गान पर्वतारोही।

अगर कविता का एक ज़रूरी काम अपने समय के विचलनों और उद्वेलनों की चौकसी करना है और अगर कवि, जैसा कि हिन्दी कवि गजानन माधव मुक्तिबोध ने कहा, आत्मा का गुप्तचर होता है जो ज़्बिग्न्येव हेर्बेर्त में ऐसी चौकसी, सारे ख़तरे उठाकर पूरी सतर्कता और सावधानी के साथ है। हम जानते हैं कि उन्होंने अपने समाज पर लादी गयी तानाशाही व्यवस्था से कभी कोई समझौता नहीं किया और न कभी अपने लिए कोई रियायत माँगी, न दूसरों को दी। यह अकारण नहीं है कि उन्हें पोलैण्ड का 'कलात्मक अन्तःकरण' माना जाता रहा। वे सिर्फ़ पोलैण्ड के नहीं —हालाँकि उस भूभाग की

घटनाओं, छवियों और पदार्थमयता से ही उनकी कविता के तानेबाने की अद्वितीयता बुनी गयी है—सारी सभ्यता के अन्तःकरण थे। उनकी कविता में सचाई का निर्मम आकलन और स्वीकार है पर उसके आगे कविता हथियार नहीं डालती। वह उसे बदल भले न सके पर वह उस पर स्वाभिमान, गरिमा और मानवीय अपराजेयता का दबाव बराबर बनाये रखती है। मुझे इसमें कोई सन्देह नहीं है कि ज़्बिग्न्येव हेर्बेर्त उन विश्वकवियों में अग्रणी हैं जिन्होंने पिछली शताब्दी के उत्तरार्द्ध में कविता के लिए अदम्य नैतिक औचित्य और ज़िम्मेदारी अपने काव्याचरण से विन्यस्त और परिभाषित की। ज़्बिग्न्येव हेर्बेर्त के आने से न सिर्फ़ पोलिश कविता का बल्कि समूची विश्वय-कविता का चरित्र निर्णायक रूप से बदला : कविता के अन्तःकरण के आयतन संक्षिप्त होते जाने की जो आशंका मुक्तिबोध ने प्रगट की थी उसके बरक़्स ज़्बिग्न्येव हेर्बेर्त की कविता ने अन्तःकरण का आयतन और आशय में विस्तार किया है। इसे एक तरह से कविता की नयी राजनैतिक भूमिका कहा जा सकता है। कविता किसी दी हुई राजनीति का हिस्सा, उसकी पिछलगुआ नहीं है जैसा कि अधिकांश विचारधाराओं से प्रेरित कविता होती आयी है—वह स्वतन्त्र राजैनिक कर्म है जो मनुष्य की गरिमा, न्याय और सच के लिए सक्रिय है और जो किसी भी क़ीमत पर इन प्राथमिकताओं को छोड़ने या शिथिल करने के लिए तैयार नहीं है जैसी कि हमारे समय में ज़्यादातर राजनीति करती आयी है। इस कर्म में एक सख़्ती और ज़िद है, अपने को निरन्तर वेध्य बनाये रखने की पारदर्शिता है, दूसरों से अपने को बेहतर न मानकर उनसे तादात्म्य का सहज स्वीकार है और मनुष्य की नियति को बार-बार निर्निमेष समझने की कोशिश है। ऐसे कवियों की संख्या भारत में कम नहीं है जिन्होंने कविता में एक नये क़िस्म के सत्याग्रह का पाठ ज़्बिग्न्येव हेर्बेर्त से, उनके बिना जाने, सीखा है।

3

वार्सा के साहित्य-संग्रहालय में मैंने वहाँ अपनी पहली यात्रा के दौरान ज़्बिग्न्येव हेर्बेर्त पर एकाग्र एक प्रदर्शनी देखी थी जिसका शीर्षक था *'झंझावत का भरतवाक्य'*। उनके जीवन,

मित्रों, वस्तुओं, घटनाओं, पाण्डुलिपियों आदि की छवियों का एक सुगठित और सुसंगत विन्यास। ज़्बिग्न्येव हेर्बेर्त की कविता का शिल्प, अपनी सारी विविधता और जटिलता के बावजूद हमेशा सुगठन का शिल्प है। 'कंकर' शीर्षक उनकी कविता का समापन जैसे मानो कि उनके काव्यशास्त्र का संक्षिप्त बयान ही है :

—कंकरों को पालतू बनाना असम्भव है
आख़िरी समय तक वे हमारी तरफ़ देखते हैं
ठण्डी साफ़ नज़र से

अनुवाद : गगन गिल

यह सुगठन बर्बरता के खिलाफ़ तैयारी, अथक कार्रवाई की अभिव्यक्ति है। लियोपाल्ड टाइरमैण्ड ने कहा है कि ज़्बिग्न्येव हेर्बेर्त ने 'निराशा के लिए सघन प्रशिक्षण' प्राप्त किया था और उचित ही वे 'एक खुले घाव की तरह संवेदनशील' थे। स्वयं ज़्बिग्न्येव हेर्बेर्त ने कहीं ग्रीक चिन्तक डेमोस्नीज़ का कथन उद्धृत किया है : 'अगर एक सशस्त्र विरोधी, जिसने अपने तईं अपार शक्तियाँ इकट्ठा कर ली हों, शान्ति के बारे में बात करना चालू रखे जबकि दरअसल एक युद्ध चलाये रखे तो फिर बचाव के अलावा कुछ और नहीं बचाता।' ज़्बिग्न्येव हेर्बेर्त की कविता का सुगठन यही बचाव है। वे जिस संघर्ष में आजीवन मुब्तिला थे वह ऐसा था कि उसमें पूरी तैयारी के बिना और बिना रियायत चाहे कुछ कारगर करना सम्भव नहीं था। ज़्बिग्न्येव हेर्बेर्त की कविता का एक फलितार्थ यह भी है कि हमारे समय में कविता जिन शक्तियों से हारी होड़ लगती है उसमें किसी शिल्पगत लापरवाही या कोताही या कमज़ोरी से सारा मामला बिगड़-बिखर सकता है। अन्तःकरण का आयतन ठोस होना चाहिए तभी वह कारगर प्रतिरोध की विधा है।

ज़्बिग्न्येव हेर्बेर्त पिछली सदी के उत्तरार्द्ध के उन कवियों की देवमाला में शामिल हैं जिनमें इस्पहानी आक्ताबियो पाज़, राबर्तो हुआरोज़, रूसी जोसेफ़ ब्राडस्की, हिब्रू यहूदा अमीनाई आदि शामिल हैं। वे मिलकर अन्तःकरण, साहस और निर्भयता की एक विश्वयारी बनाते हैं। ज़्बिग्न्येव हेर्बेर्त ने मनुष्य की वेध्यता की विलक्षण साहस-गाथा अपनी कविता में रची है। यह उनके

क़द का एक प्रमाण है कि हिन्दी के कई महत्त्वपूर्ण कवियों ने उनकी कविताओं का अनुवाद किया है। उनकी कविताएँ यहाँ डॉ. रेनाता चेकाल्स्का के सहयोग से प्रस्तुत हैं।

अ वा

वस्तु का अध्ययन

1

सबसे सुन्दर है वह वस्तु
जो नहीं है

वह पानी ले जाने के काम में नहीं ली जाती
न ही किसी योद्धा के अस्थिशेष रखने के लिए

एण्टीगनी ने उसे बाँहों में नहीं लिया
कोई चूहा उसमें डूबा नहीं

उसका कोई मुँह नहीं है
वह बिलकुल खुली है

वह देखी जाती है
सभी दिशाओं से
पर उसे सिर्फ़
महसूस किया जाता है

उसकी सभी रेखाओं के
रोम
जुड़ते हैं
रोशनी के एक प्रवाह में

न तो
आँखों के सामने छाया अँधेरा

न ही
मृत्यु
उस वस्तु को उखाड़ सकेगी
जो नहीं है

2

उस स्थान को चिह्नित करो
जहाँ वस्तु रखी थी
जो नहीं है
एक काले वर्ग से
वह होगा
एक सरल शोकगीत
एक सुन्दर अनुपस्थित के लिए

पुरुष-पीड़ा
बँधी हुई
एक चतुष्कोण में

3

अब
सारा अवकाश
समुद्र की तरह उमड़ता है

तूफ़ान पीटता है
काले पाल को
बर्फ़ीले तूफ़ान का पंख चक्कर लगाता है
काले वर्ग के ऊपर

और द्वीप डूबता है
नमकीन ज्वार में

4

अब तुम्हारे पास
ख़ाली अवकाश है
वस्तु से अधिक सुन्दर
बची हुई उस जगह से अधिक सुन्दर

यह संसार-प्रभात है
श्वेत स्वर्ग
सभी सम्भावनाओं का
तुम प्रवेश कर
और चीख़ सकते हो
आड़े में—लम्बाई

नंगे क्षितिज पर गिरेगी
खड़ी बिजली

और यहाँ हम रुक सकते हैं
तुमने चाहे जैसे पहले ही संसार रच लिया है

5

सलाह पर ध्यान दो
अपनी अन्दरूनी आँख की

कान मत धरो
कानाफूसियों फुसफुसाहटों चटखरी आवाज़ पर

अनबना संसार
चित्र के द्वार पर जुटता है

देवदूत पेश करते हैं
गुलाबी बुढ़िया के बाल बादलों के

वृक्ष यहाँ-वहाँ ढकेलते हैं

उलझे हरे बाल

राजागण किरमिची की प्रशंसा करते हैं
और भोंपू बजाने वालों से कहते हैं
सोने से ढाँकने को

एक व्हेल तक चाहती है चित्र

ध्यान दो अन्दरूनी आँख की सलाह पर
किसी को अन्दर मत आने दो

6

ले जाओ
वस्तु की परछाईं से
जो नहीं है
ध्रुवदेश से
अन्दरूनी आँख के सख़्त सपनों से
एक कुर्सी

सुन्दर और बेकार
जंगल में मन्दिर की तरह

कुर्सी पर रखो
एक तुड़ा-मुड़ा नैपकिन
व्यवस्था के विचार में जोड़ो
जोखिम का विचार

वह हो आस्था का वक्तव्य
आड़े से संघर्ष करते हुए खड़े के बरक़्स

वह हो
देवदूतों से अधिक शान्त
राजाओं से अधिक अभिमानी

व्हेल से अधिक सच
उसका चेहरा अनन्त का

कुर्सी हम आपसे व्यक्त करने का आग्रह करते हैं
अन्दरूनी आँख का तल
आवश्यकता की परितारिका
मृत्यु की पुतली

घर

वर्ष की ऋतुओं के ऊपर घर
घर बच्चों जानवरों और सेबों का
खाली जगह का एक चौकोर
एक अनुपस्थित तारे के नीचे

घर था बचपन की दूरबीन
घर था दुलार की त्वचा
बहिन का कपोल
वृक्ष की एक शाखा

लौ ने बुझा दिया कपोल को
शाखा मिटा दी एक गोली ने
घोंसले की भुरभुरी राख के ऊपर
बेघर पैदलसेना का एक गीत

घर बचपन का एक क्यूब है
घर दुलार का एक पाँसा है

जली हुई बहिन का एक पंख

एक मरे हुए वृक्ष की एक पत्ती

अंकन

तुम मेरे हाथों की तरफ़ देखती हो
वे कमज़ोर हैं—तुम कहती हो—फूलों की तरह

तुम मेरे ओठों की तरफ़ देखती हो
कहने के लिए बहुत छोटे हैं : संसार

—बेहतर हो कि हम क्षणों के वृन्त पर झूलें
हवा पियें
और अपनी आँखों को डूबते हुए देखें
मुरझाने की सुगन्ध सबसे सुन्दर होती है
और खँडहरों का आकार बेहोश करता है

मुझमें एक लौ है जो सोचती है
और हवा भी आग के लिए और पालों के लिए

मेरे हाथ अधीर हैं
मैं अपने मित्र का सिर
हवा से
गढ़ सकता हूँ
मैं फिर कहता हूँ एक कविता
जिसका मैं या तो संस्कृत
या पिरेमिड में अनुवाद करना चाहता हूँ :

जब तारों की रोशनी का स्रोत सूख जाएगा

हम देंगे रोशनी रातों को

जब हवा पत्थर में बदल जाएगी
हम हवा को चलाएँगे

एक तार

पक्षी छोड़ते हैं
घोंसले में अपनी परछाइयाँ

तुम भी छोड़ोगे लैम्प
औज़ार और पुस्तक

हम पहाड़ी पर चलें
जहाँ हवा उगती है

एक अनुपस्थित तारा
मैं अपनी उँगली के इशारे से तुम्हें दिखाऊँगा

गहरे नीचे घास की परत के
कोमल नन्ही जड़ें हैं

निर्झरणियाँ बादलों की
जो साफ़-साफ़ धड़कती हैं

हवा ओठ देगी
हमें गाने के लिए

हमारे माथे पर बल पड़ेंगे
हम एक शब्द नहीं कहेंगे

बादलों के प्रभामण्डल होते हैं
ठीक सन्तों जैसे

हमारे पास पत्थर हैं
काले बजाय आँखों के

दाग़ विदा के बाद
अच्छी याद अच्छा कर देती है

दीप्तियाँ उतरेंगी
झुकी हुई पीठ पर

> दरसअल दरअसल मैं तुमसे कहता हूँ
> बड़ा है रसातल
> हमारे और
> रोशनी के बीच

माँ

मैंने सोचा था :
वह कभी नहीं बदलेगी

वह हमेशा सफ़ेद पोशाक
और नीली आँखें पहनकर
प्रतीक्षा करेगी
सभी दरवाज़ों की दहलीज पर

वह हमेशा मुस्कराएगी
यह हार पहनने पर

और अचानक
धागा टूट गया
अब मोती जाड़े बिताते हैं
फ़र्श की दरारों में

माँ को काफ़ी पसन्द है
गरम ईंट
शान्ति

वह बैठती है
अपनी नुकीली नाक पर

चश्मा ठीक करती है
वह मेरी कविता पढ़ती है

और सफ़ेद सिर से उसका खण्डन करती है

वह जो उसकी गोद से गिर गया था
अपने ओठ बिचकाता है और चुप
एक नीरस बातचीत
लैम्प के नीचे मधुरता का उद्गम

ओ असह्य दुख
किन कुओं से वह पानी पीता है
किन सड़कों पर चलता है
यह बेटा सपनों से अलग

मैंने सौम्य दूध पिलाया
वह क्षोभ से जलता है
मैंने उसे गरम खून से नहलाया
उसके हाथ ठण्डे और खुरदरे हैं

तुम्हारी आँखों से बहुत दूर
अन्धे प्यार से बिंधे हुए
अकेलेपन को सहना ज़्यादा आसान है

एक सप्ताह के भीतर
एक ठण्डे कमरे में
अपने गले में अटक के साथ
मैंने उसकी चिट्ठी पढ़ी

इस चिट्ठी में
अक्षर अलग-अलग दीखते हैं
प्यार करनेवाले हृदयों की तरह

धरती का नमक

एक स्त्री चलती है
एक खेत की तरह पैबन्द लगा दुपट्टा ओढ़े
अपनी छाती से चिपकाये हुए
एक काग़ज़ी थैला

यह घटता है
भरी दोपहर में
शहर की सबसे दिलकश जगह में

यहाँ वे सैलानियों के समूहों को दिखाते हैं
एक पार्क जिसमें एक हंस है
बगीचों में हवेलियाँ
दृश्य और एक गुलाब

स्त्री चलती है
कूबड़ जैसी गठरी लिये हुए
– माँ यह क्या है जो तुम अपनी छाती से चिपकाये हो

अब वह लड़खड़ाती
और थैले से
नीचे गिर पड़े चीनी के छोटे-छोटे रवे
स्त्री झुकती है

और उसकी आँखों में एक ऐसा भाव है
जिसे चित्रित नहीं कर सकता
टूटे कलशों का कोई चित्रकार

वह अपने साँवले हाथ से बटोरती है
बिखरी हुई सम्पत्ति
और वापस रखती है
हलकी बूँदों और रेत को

कितनी
देर
वह
घुटनों के बल
मानो कि वह इकट्ठा करने की
कोशिश कर रही हो
धरती की मिठास
आख़िरी कण तक

मैं बखान करना चाहूँगा

मैं बखान करना चाहूँगा सबसे सीधी भावना का
सुख या दुख
पर उस तरह कहीं जैसे दूसरे करते हैं
सूर्य या वर्षा की किरणों तक पहुँचते हुए

मैं बखान करना चाहूँगा प्रकाश का
जो मेरे अन्दर जन्मता है
लेकिन मैं जानता हूँ कि वह
किसी और तारे जैसा नहीं है
न उतना चमकदार
उतना स्वच्छ
और अनिश्चित

मैं बखान करना चाहूँगा सद्गुण का
अपने पीछे से धूलभरे सिंह को खींचते हुए नहीं
और घबराहट का भी
पानी से भरे गिलास को हिलाते हुए नहीं

दूसरे शब्दों में
मैं सारे रूपक दूँगा
एक शब्द के लिए
सीने से नोची गयी एक पसली की तरह
एक शब्द के लिए
जो मेरी त्वचा की सीमाओं में
ठीक बैठे

पर ज़ाहिर है यह सम्भव नहीं

और कहना–मैं प्यार करता हूँ
मैं पागल की तरह भागता फिरता हूँ
बाँह भर पक्षी चुनता हुआ
और मेरी भलमनसाहत
जो कि निश्चय ही पानी की नहीं है
पानी से चाहती है एक चेहरा

और क्रोध
आग से भिन्न
उससे उधार लेते हुए
एक बातूनी जुबान

गड्डमड्ड होता है
गड्डमड्ड होता है
मुझमें
वह सब जो भूरे भद्रपुरुषों ने
एकबारगी हमेशा के लिए बाँट दिया
और कहा
यह उद्देश्य है
और यह कर्म
हम सो जाते हैं
सिर के नीचे एक बाँह
और दूसरी ग्रहों के एक टीले के अन्दर

पाँव हमारा साथ छोड़ देते हैं
और धरती चखते हैं
नन्ही जड़ों से
जो कि सुबह
हम कष्टपूर्वक उखाड़ते हैं

नेफ़ेरतीती

आत्मा को क्या हुआ
इतने सारे प्रेमों के बाद

आह वह अब विशाल पक्षी नहीं है
सफ़ेद पंख फड़फड़ाते हुए
हर रात की सुबह होने तक

तितली
ओठों के बीच से उड़ी
मृत नेफ़ेरतीती के
तितली
जैसे कि रंगीन
साँस

कितनी दूर है रास्ता
आख़िरी आह से
निकटतम अनन्त का

तितली उड़ती है माथे के इर्द-गिर्द
मृत नेफ़ेरतीती के
लपेटती है उसे एक कोये में
रेशम के
नेफ़ेरतीती
छल्ली
कितना देर प्रतीक्षा
तुम्हारे उड़ने की

तुम्हारे पंख फड़फड़ाने की
जो तुम्हें ले जाएँगे
दिन में—एक
रात में—एक

रसातल के सभी द्वारों के ऊपर
स्वर्गों के सभी पातुकों के ऊपर

नीतिकथा

एक कवि पक्षियों की आवाज़ों का स्वाँग भरता है
लम्बी गरदन निकालता है
और उसका टेंटुआ मानो कि
एक धुन के पंख पर एक अनाड़ी उँगली हो

गाते हुए वह गहरे में विश्वास करता है
कि वह सूर्योदय को तेज़ करता है
इसी पर निर्भर करती है गाने की गरमाहट
और ऊँचे स्वर की स्पष्टता

एक कवि पत्थरों की नींद का स्वाँग भरता है
बाँहों में सिर के साथ
वह एक मूर्ति के हिस्से की तरह है
जो कभी-कभार ही साँस लेती है और कष्ट के साथ

सोते हुए वह यक़ीन करता है कि वही है सिर्फ़
जो होने के रहस्य की गहराई माप सकेगा
और धर्मज्ञानियों की सहायता के बिना
प्यासे ओठों से अनन्त को पकड़ लेगा

संसार क्या होगा
अगर वह भरा न हो
एक कवि की दौड़धूप से
पक्षियों और पत्थरों के बीच

कल्पना नाम का एक बक्सा

दीवार पर एक उँगली से ज़रा सी दस्तक भर दो –
ओक के एक कुन्दे से
तड़ाक से निकल आएगी
एक कुक्कू

वह पुकारेगी वृक्षों को
एक और दूसरा
जब तक कि खड़ा न हो जाए
एक जंगल

तीख़ी सीटी दो –
और एक नदी दौड़ी आएगी
एक मजबूत धागा
जो पहाड़ों और घाटियों को बाँधे रखेगा

थोड़ा क़ायदे से खखारो –
एक शहर होगा
एक मीनार
नुकीली दवाओं
और पाँसों की तरह पीले छोटे मकानों
के साथ
अब
अपनी आँखें बन्द करो
बर्फ़ गिरेगा
बुझा देगा

वृक्षों की हरी शिखाओं को
लाल मीनार को

बर्फ़ के नीचे
रात है
जिसके ऊपर एक दमकती हुई घड़ी
दृश्य का उल्लू

पियक्कड़

पियक्कड़ वे लोग हैं जो तलछट तक और एक घूँट में पी जाते हैं। लेकिन उनकी त्यौरियाँ चढ़ जाती हैं क्योंकि तल में वे खुद को फिर देखते हैं। एक बोतल की गरदन में से वे ग़ौर से देखते हैं दूर के संसार। अगर उनके पास ज़्यादा मजबूत सिर और बेहतर रुचि होती तो वे खगोलविद् होते।

पवन और गुलाब

एक बगीचे में एक गुलाब उग रही थी। पवन उससे प्रेम में पड़ गया। वे बिलकुल भिन्न थे, वह – हलका और उजला और वह – निश्चल और भारी, रक्त की तरह।

एक आदमी लाठी लिये हुए आया और मोटे हाथों से उसने गुलाब तोड़ लिया। पवन उसके पीछे भागा पर आदमी ने उस पर दरवाज़ा बन्द कर दिया।

—मैं चाहता हूँ कि मैं एक पत्थर में बदल जाऊँ – तबाह वह चीख़ा। —मैं सारे संसार का चक्कर लगा सकता था और बरसों तक वापस न आता लेकिन मुझे पता था कि वह हमेशा मेरी प्रतीक्षा करेगी।

पवन को समझ में आया कि सचमुच दुख में होने के लिए वफ़ादार होना होता है।

एक देवदूत से पूछताछ

जब वह खड़ा होता है उनके सामने
सन्देह की छाया में
तब भी वह बना होता है
प्रकाश के द्रव्य से

उसके केश के कल्प
बँधे हैं गुच्छे में
बेगुनाही के

पहले प्रश्न के बाद
उसके कपोल सूज जाएँगे खून से

खून फैलता है
औज़ारों और जिरह से

लोहे चाबुक
धीमी आग से
खींची जाती हैं सीमारेखाएँ
उसके शरीर की

पीठ पर एक घूँसा
सख़्त कर देता है रीढ़ को
डबरे और बादल के बीच

कुछ रातों के बाद
काम ख़त्म

देवदूत का गला चमड़े का
भर जाता है चिपचिपी सहमति से

कितना सुन्दर क्षण
जब वह अपने घुटनों पर झुकता है
अपराध में साकार
तृप्ति से भरपूर

जीभ सकुचाती है
ठोंकपीटे दाँतों और
इक़बाल के बीच

वे उसका सिर झुका देते हैं

देवदूत के केशों से
मोम की बूँदें गिरती हैं
फ़र्श पर रचते हुए
एक सीधी भविष्यवाणी

वह अपने केश सँवार रही थी

वह अपने केश सँवार रही थी नींद से पहले
और एक दर्पण के सामने वह बहुत समय तक अनन्त तक चला
एक बात और फिर मुड़ने के बीच हाथ के कोहनी पर
युग बीर गये केश से धीमे गिर रहे थे
दूसरी अक्षौहिणी के सैनिक जिन्हें आगस्टा एण्टोनिन्याना भी
कहते हैं
रौलैण्ड के सभी वर्दून के तोपची
मजबूत उँगलियोंवाले
वह अपने सिर पर महिमा का सुनिश्चय कर रही थी
वह इतना लम्बा चला
कि जब आख़िरकार
उसने झूमते आना शुरू किया
मेरी ओर
मेरा हृदय तब तक इतना आज्ञाकारी
रुक गया
और त्वचा पर दिखने लगे
नमक के मोटे दाने

*   *   *

हम सो जाते हैं शब्दों पर
हम जागते हैं शब्दों में

कभी-कभी वे होते हैं सौम्य
साधारण संज्ञाएँ
जंगल या जहाज

वे उतावली में हमसे दूर जाते हैं
जंगल तेज़ी से चला जाता है
क्षितिज की रेखा के पार

जहाज़ दूर चला जाता है
चिह्नहीन और अकारण

ख़तरनाक होते हैं शब्द
जो किसी अखण्डता से गिरते हैं
वाक्यों के टुकड़े सूक्तियाँ
किसी भूले भजन की
टेक के आरम्भ

'वे बच जाएँगे जो...'
'याद रखना कि...'
'जैसे'
नन्ही और तीखी पिन
जिसने साथ जोड़ रखा था
सबसे सुन्दर संसार का
लुप्त रूपक

धीरज के साथ सपना देखना चाहिए
इस उम्मीद में कि विषयवस्तु अपने को खुद पूर्ण कर लेगी
कि लापता शब्द
विकलांग वाक्यों में प्रवेश करेंगे
और जिस आश्वासन की हम प्रतीक्षा कर रहे हैं
वह लंगर डालेगा।

उपनगरीय मकान

पलभर के दिनों में एक धूपहीन दोपहर को श्रीमान मनीषी गन्दे उपनगरों की सैर करना पसन्द करते हैं। उनका कहना है कि उदासी का इससे स्पष्ट स्रोत नहीं होता है।

उपनगरीय मकान काले छल्ले-वाली खिड़कियों के साथ
मकान गुमसुम खाँसते हुए
प्लास्टर की कँपकँपी
गंजे मकान
और बीमार रंगतवाले

सिर्फ़ चिमनियाँ सपना देखती हैं
दुबली शिकायत
जंगल के छोर तक पहुँचती
विशाल जल के तट तक

मैं तुम्हारे लिए नाम रचना चाहूँगा
तुम्हें भर दूँगा भारत की सुगन्ध से
बोसफ़ोरोस की आग से
जलप्रपातों की गुनगुनाहट से

उपनगरीय मकान पिचकी कनपटियों के साथ
मकान चुभलाते हुए पावरोटी की पपड़ी
लकवाग्रस्त की नींद की तरह ठण्डी
जिसकी सीढ़ियाँ रेत का एक खजूरवृक्ष हैं
मकान हमेशा बिक्री के लिए
दुर्भाग्य के ढाबे
मकान जो कभी रंगशाला नहीं गये

उपनगरीय मकानों के चूहे
ले जाओ उन्हें समुद्र के तट पर
बैठने दो उन्हें गर्म रेत में
देखने दो उन्हें उष्णकटिबन्ध के नज़दीक की एक रात
ज्वार को पुरस्कृत करने दो उन्हें हंगामी जयजयकार से
जो उचित है सिर्फ़ फ़िजूल गयी ज़िन्दगियों के लिए

शोकगीत

माँ की याद में

और अब उसके माथे के ऊपर जड़ों के कत्थई बादल हैं
नमक की छरहरी कुमुदिनी कनपटियों पर रेत के मनके
और झागदार नीहारिकाओं से वह एक नाव की पेंदी में तैरती है

हमसे एक मील दूर जहाँ नदी मुड़ती है
दृश्य–अदृश्य–एक लहर पर रोशनी की तरह
सचमुच वह बिलकुल अलग नहीं–सबकी तरह छोड़ी हुई

एक नदी से

नदी–पानी की रेतघड़ी अनन्त की रूपक
मैं तुममें प्रवेश करता हूँ अधिक से अधिक भिन्न
ताकि मैं एक बादल एक मछली या एक चट्टान हो सकूँ
और तुम अपरिवर्तनीय हो एक घड़ी की तरह नापती हुई
शरीर के कायाकल्प और आत्मा की विफलताएँ
रेशों और प्यार की धीमी सड़न

मैं मिट्टी से उपजा
तुम्हारा छात्र होना चाहता हूँ
और खोजना स्रोत ओलम्पियन हृदय
ठण्डा टार्च सरसराते खम्भे
तुम मेरी आस्था और निराशा का तलशैल हो

ओ नदी मुझे सिखाओ आग्रह और हठ
ताकि मैं आख़िरी घड़ी में पात्रता रखूँ
विशाल डेल्टा की छाया में समाप्त होने की
आदि और अन्त के पवित्र त्रिभुज में

सद्वृत्ति पर श्रीमान मनीषी

1

यह बिलकुल अजब नहीं कि
वह नहीं है प्रियपात्र
असल पुरुषों की

सेनापतियों
सत्ता के खिलाड़ियों
तानाशाहों की

ज़माने से वह उन्हें पछियाती है
यह रुआँसी बूढ़ी अविवाहिता
मुक्तिसेना का भद्दा हैट लगाये हुए
वह डाँटती है

वह कबाड़खाने से घसीट लाती है
सुकरात का एक चित्र
एक छोटा क्रास रोटी से ढले हुए
पुराने शब्द

– जबकि अद्भुत जीवन धड़कता है चारों ओर
सुबह कसाईघर की तरह ललछौंहा

वह लगभग दफ़्न की जा सकती है
एक रजत मंजूषा में
भोले स्मृतिचिह्नों की

वह छोटी और छोटी होती जाती है
गले में बाल की तरह
कान में भुनभुनाहट की तरह

2

हे प्रभु
अगर वह थोड़ी युवा होती
थोड़ी सुन्दर

समय की धार के साथ चलती
अपने कूल्हे मटकाती
चालू संगीत की लय पर

हो सकता है कि तब उससे प्यार करते
असली पुरुष
सेनापति सत्ता के खिलाड़ी तानाशाह

अगर वह थोड़ी सज-सँवर जाती
मानवीय दिखती
लिज़ टेलर या
विजय की देवी की तरह

लेकिन कपूर की गन्ध
उससे फैलती है
वह अपने ओठ सिकोड़ती है
दुहराती है एक बड़ा—नहीं

अपने अड़ियलपन में असह्य
बेतुकी कागभगोड़े की तरह
अराजकतावादी के सपने की तरह
सन्तों के जीवन की तरह

घेराबन्द शहर से रपट

हथियार उठाने और औरों की तरह लड़ने के लिए बहुत बूढ़े –

मुझे कृपा कर वृत्तान्तकार के रूप में नियुक्त किया गया
मैं लिखता हूँ – बिना जाने किसके लिए – घेराबन्दी का इतिहास

मुझे असन्दिग्ध होना चाहिए लेकिन मुझे पता नहीं छापा कब
शुरू हुआ
दो सौ बरस पहले दिसम्बर सितम्बर में या शायद कल भोर होते
यहाँ हर किसी को समय का अहसास न होने की बीमारी है

हमारे लिए सिर्फ़ बची है जगह जगह के लिए लगाव
हम अभी भी सम्हालते हैं मन्दिरों के खँडहर बागीचों और
मकानों के आभास
जब खँडहर गुम हो जाएँगे तो कुछ भी नहीं बचेगा

मैं असमाप्त सप्ताहों की लय में भरसक लिखता हूँ
सोमवार : ख़ाली गोदाम चूहों का सिक्का चल गया
मंगलवार : मेयर मारा गया अज्ञात हत्यारों द्वारा
बुधवार : युद्धविराम के लिए वार्ता दुश्मन द्वारा राजदूत नज़रबन्द
हमें पता नहीं किस जगह पर याने फाँसी की जगह
बृहस्पतिवार : हंगामी बैठक के बाद बहुमत ने खारिज़ किया
प्रस्ताव बिना शर्त आत्मसमर्पण का जिसे पंसारियों ने पेश
किया था
शुक्रवार : काली प्लेग शुरू शनिवार : आत्महत्या
अज्ञात अपराजित प्रतिरक्षक की इतवार : पानी नहीं हमने
खदेड़ दिया

आक्रमण पूर्वी द्वार पर जिसे प्रतिज्ञा-द्वार कहते हैं

मैं जानता हूँ कि यह सब एकरस है इससे कोई प्रभावित न होगा

मैं टीका-टिप्पणी से बचता हूँ भावनाओं को काबू में रखता हूँ मैं
तथ्यों के बारे में लिखता हूँ
लगता है सिर्फ उन्हीं की विदेशी बाज़ारों में पूछ है
लेकिन एक तरह के घमण्ड से मैं दुनिया को सूचित करना
चाहता हूँ
कि युद्ध की वजह से हम बच्चों की एक नयी क़िस्म
पैदा कर पाये हैं
हमारे बच्चे क़िस्से पसन्द नहीं करते वे मार-काट खेलते हैं
जागे हों और सोये वे सूप रोटी और हड्डियों का सपना
देखते हैं
बिलकुल कुत्तों और बिल्लियों की तरह

शामों को मैं शहर के बाहरी हिस्से में भटकना पसन्द करता हूँ
हमारी अनिश्चित आज़ादी की सरहदों पर
मैं ऊपर ऊँचे से देखता हूँ सेनाओं का जमावड़ा उनकी रोशनियाँ
मैं नगाड़ों का शोर बर्बर चीखें सुनता हूँ
सचमुच समझना मुश्किल है कि शहर अभी भी लड़ रहा है

घेराबन्दी कई दिनों चलती है दुश्मनों की रसद-भराई होती है
उन्हें कुछ
भी नहीं जोड़ता सिवाय हमारे सत्यानास की ज़रूरत के गोथ
तार्तर स्वीडी
सेनाएँ सम्राट के सैन्यदल 'प्रभु के कायाकल्प' के नाम पर
कौन उन्हें गिनेगा
पताकाओं के रंग बदलते हैं क्षितिज पर जंगल की तरह
बसन्त की सुकुमार चिड़िया-जैसे पीले से हरे और लाल होते हुए
ठण्डे काले तक
इसलिए शाम को जब मैं तथ्यों से मुक्त हो जाता हूँ मैं सोच
सकता हूँ

पुराने दूर के मसलों के बारे में मसलन समुद्र के ऊपर हमारे
सम्बद्ध सहयोगी
मैं जानता हूँ कि वे सचमुच हमसे सहानुभूति रखते हैं
भेजते हैं आटा उम्मीद के बोरे तेल और नेक सलाह
उन्हें पता तक नहीं है कि उनके पूर्वजों ने हमें धोखा दिया था
हमारे पहले सहयोगी दूसरे महायुद्ध के समय से
उनके बेटे निर्दोष वे धन्यवाद के पात्र हैं सो हम कृतज्ञ हैं

वह अनन्त तक चली घेराबन्दी के बाद तक जीवित नहीं रह पाये
जिन पर बदनसीबी पड़ती है वे हमेशा अकेले होते हैं
दलाई लामा के रक्षक कुर्द अफ़गान पर्वतारोही

अब जब मैं ये शब्द लिखता हूँ सुलह के वकील
अपराजितों के दल के ऊपर हावी हो गये हैं
जीवात्माओं का सामान्य उतार-चढ़ाव भाग्य अधर में लटका

कब्रगाहें बढ़ती हैं घटती हैं संख्या रक्षकों की
पर मोर्चाबन्दी चलती है और आखिर तक रहेगी

अगर शहर का पतन भी हो जाए लेकिन एक कोई बचा रहे
तो वह शहर उठाये चलेगा अपने अन्दर देशनिकाले के रास्तों
पर वह शहर होगा
हम भूख का चेहरा देखते हैं आग का चेहरा मौत का चेहरा
और सबसे बुरा – राजद्रोह का चेहरा

और हमारे सपने भर अपमानित नहीं हुए हैं

1982

अलविदा

वह पल आ पहुँचा समय है अलविदा कहने का
पक्षियों की उड़ान के बाद अचानक हरे की उड़ान
गरमियों का अन्त – एक घिसा-पिटा विषय गिटार सोलो के लिए

मैं अब एक पहाड़ी के ढलान पर रहता हूँ
खिड़की पूरी दीवार पर फैली हुई जिससे मैं ठीक-ठीक देख
सकता हूँ
मोटा लोम कमज़ोरों का नंगी मारबल्ली यह मेरा किनारा है

हर चीज़ उगती है आड़ी पट्टियों में – आलसी नदी
दूसरा ऊँचा किनारा खड़े उतार पर
प्रगट करता है आख़िरकार वह सब जो स्वीकार किया जाना था

मिट्टी रेत चूना चट्टानें खाद-मिट्टी के कतले
और इस समय कमज़ोर पड़ता जंगल विलाप करता हुआ जंगल

मैं प्रसन्न हूँ इसका मतलब भ्रान्तियों से मुक्त
सूरज निकलता है थोड़े समय के लिए लेकिन बदले में देता है
शानदार तमाशे सूर्यास्त के थोड़े नीरो की पसन्द से मिलते-जुलते

मैं शान्त हूँ समय है अलविदा कहने का
हमारे शरीरों ने धरती का रंग ले लिया है

बूढ़े आदमियों की प्रार्थना

लेकिन बाद में बाद में
तुम हमें ढकेल नहीं दोगे
जब जा चुके होंगे पहले ही बच्चे स्त्रियाँ धैर्यधन जानवर
क्योंकि वे बरदाश्त नहीं कर सकते मोम के हाथ

हरकतें अनिश्चित तितली की उड़ान की तरह
ज़िद्दी चुप्पी और खाँसी की तरह हमारी बोली
और वह पल नज़दीक होगा जब दुनिया एक आँख में सिकुड़
चुकी होगी
वे आँसू की तरह आँख हटा देंगे और काँच की तरह फोड़ देंगे
जब अचानक यादों की दराज़ खुलेगी

मैं इस बारे में पूछ रहा हूँ
अगर तब
तुम हमें वापस पास बुलाओगे
क्योंकि वह वापसी बचपन की गोद में लौटने की तरह होगी
एक विशाल वृक्ष एक अँधेरे कमरे
एक विचलित बातचीत बिना तकलीफ़ के चीख़ में लौटने की तरह

मैं जानता हूँ
यह खून का मसला है
और हम आलसी रहस्यवादी अपने पाँव घसीटते हुए
झुकी उँगलियों में एक विकृत भजन के साथ
नसों में भरती रेत को ध्यान से सुनो
और अँधेरे अन्तराल में बढ़ते हुए सफ़ेद एक मन्दिर को
नमक यादों चूने और अकथनीय कमज़ोरी से रचे

वे तुम्हें ले जाते हैं फिर
घण्टियों की दमैल आहों से
जब फूल सुलगाये जाते हैं
आतिथेय की रुचि और सफ़ेद कपड़े से चिपके हुए

अगर हमें देवदूत बनाना कठिन हो
तो हमें बदल दो आसमानी कुत्तों में
संकर कुत्तों में उलझे बालों वाले
भूरे मुहँवाले पतंगों में
बजरी की बुझी आँखों में
पर हमें निगलने
मत देना
अपनी वेदियों के लालची अँधेरे द्वारा
हमें सिर्फ़ इतना बताओ
कि हम बाद में वापस आएँगे

क़लम, दवात और लैम्प की विदाई पर एक शोकगीत

1

दसअसल मेरा विश्वासघात बड़ा और अक्षम्य है
क्योंकि मुझे याद तक नहीं है वह दिन या घण्टा
जब मैंने तुम्हारा साथ छोड़ा मेरे बचपन के साथियो

सबसे पहले मुड़ता हूँ विनयपूर्वक तुम्हारी ओर
क़लम काठ के मूठवाली
रंग में पुती चरमराती लाख से ढँकी

एक छोटी यहूदी दूकान में
– चरमराती सीढ़ियाँ और काँच के दरवाज़े पर घण्टी –
मैं तुम्हें चुन रहा था
आलस्य के रंग में
और जल्दी ही
तुम अपनी काया पर धारण कर रही थीं
मेरे दाँतों के गहन विचार
स्कूल के कष्ट

ओ चाँदी की निब
छिन्द्रान्वेषी दिमाग़ की निकास
राहत देने वाले ज्ञान की वाहक
–कि पृथ्वी गोल है
–कि दो रेखाएँ समानान्तर हैं
दूकानदार के बक्से में

तुम एक मछली की तरह थीं मेरा इन्तज़ार करते हुए
दूसरी मछलियों की भीड़ में
—मुझे अचरज हुआ
इतनी सारी लावारिस अनाथ चीज़ें हैं
बिलकुल गूँगी—
बाद में
हमेशा के लिए मेरी
मैं तुम्हें अपने मुँह में भक्तिभाव में रखता था
और अपनी जीभ पर लम्बे समय तक अनुभव करता था
स्वाद
अम्बाड़ी और
चन्द्रमा का

ओ स्याही
शक्तिशाली श्रीमती स्याही
प्रतिष्ठित कुल की
अभिजात
सन्ध्याकाश की तरह
बहुत समय तक सूखते हुए
समझदार
और अन्यन्त धीर
हम तुम्हारा कायाकल्प करते थे
सरगासो समुद्र में
डुबोते हुए तुम्हारी सयानी गहराइयों में
स्याहीसोख बाल वशीकरण और मक्खियाँ
थामने गन्ध को
एक कोमल ज्वालामुखी की
अतल की पुकार

आज कौन तुम्हें याद करता है
प्यारे साथियो
तुम चुपचाप चले गये
समय के आख़िरी प्रपात के पार

कौन याद करता है तुम्हें कृतज्ञतापूर्वक
जड़मति बालप्वाइण्ट पैनों के समय में
अहंकारी वस्तुएँ
गरिमाहीन
नामहीन
अतीतहीन

मैं जब तुम्हारी बात करता हूँ
तो मैं चाहता हूँ कि वह ऐसी हो
मानो कि मैं एक ध्वस्त वेदी पर
प्रतिदान में चढ़ावा रख रहा हूँ

2

मेरे बचपन के प्रकाश
अभिमन्त्रित लैम्प

कभी कबाड़ी की दूकानों में
मेरी भेंट होती है
तुम्हारे कलंकित शरीर से
और तुम एक समय थे
एक उज्ज्वल अन्योक्ति

एक जीवात्मा ज़िदकर लड़ती हुई
रहस्यज्ञान के दैत्यों से
पूरे सामने आँखों के
पूरी तरह से दृश्य
पारदर्शी सरल

पात्र के तल में
केरोसीन – आदिम जंगलों का अमृत
लौ का चिपचिपा साँप
धधकती चोटी के साथ
छरहरी युवती का शीशा

टीन की रुपहली ढाल
चन्द्रदेवी की तरह पूर्ण चन्द्र

तुम्हारे मूड एक राजकुमारी की तरह
सुन्दर और बेरहम

मुख्य नायिका के नखरे
जिसकी काफ़ी वाह-वाह न हुई

देखो
एक शान्त तान
गरमी की शहद-रोशनी
शीशे के धुआँकश के ऊपर
अच्छे मौसम की एक हलकी चोटी
फिर अचानक
अँधेरा मन्द्र संगीत
कौवों का छापा
लानतें और निन्दाएँ
विध्वंस की भविष्यवाणी
चीकट धुएँ का उन्माद

एक महान नाटककार की तरह तुम्हें पता था आवेगों का ज्वार
उदासी के धँसान गर्व के काले कंगूरे
आगों की लाली इन्द्रधनुष अनियन्त्रित समुद्र
अनायास तुम कुछ नहीं से उत्पन्न कर सकते थे
दृश्य वहशी शहर पानी में पुनर्घटित
तुम्हारे संकेत पर पागल राजकुमार द्वीप वैरोना की बालकनी
आये तुम्हारे हुकुमबरदार

मैं तुम्हें समर्पित था
जगमगाती दीक्षा
ज्ञान का उपकरण
रात के घन के नीचे

तब तक मेरा दूसरा
चपटा सिर छत पर प्रक्षेपित
नीचे देखता है डर के मारे
जैसे कि किसी देवदूत के आरामदेह आसन से
संसार के रंगमंच को
उलझा हुआ
बुरा
और क्रूर

मैंने तब सोचा था
कि प्रलय के लिए ज़रूरी है
बचाना
एक
चीज़
छोटी
गरमाहट -भरी
वफ़ादार

ताकि वह जारी रहे आगे
और हम उसमें जैसे कि एक सीपी में

3

मैंने इतिहास की आत्मा में कभी भरोसा नहीं किया
एक गढ़ा गया दैत्य ख़ूनी आँखों वाला
हत्यारों द्वारा बस में किया गया द्वन्द्वात्मक पशु

तुममें नहीं – चार अश्वारोही इहलाम के
प्रकृति के हूण धरती और स्वर्ग के सपाट मैदानों पर दौड़ते हुए
रास्ते में उस सब कुछ को नष्ट करते हुए जो पुराना
आदरणीय और जिसे बचाया नहीं जा सकता

मैंने कई वर्ष बिताये हैं इतिहास के अल्पमति दन्तचक्र सीखते
एकरस जुलूस आशाहीन संघर्ष

हक्का-बक्का भीड़ों का नेतृत्व करते दुष्ट
मुट्ठी भर ईमानदार साहसी सयानों के विरुद्ध

मेरे पास बहुत कम बचा है
बहुत थोड़ा

वस्तुएँ
और करुणा
लापरवाही से हम छोड़ते हैं बचपन के बगीचे चीज़ों के बगीचे
उड़ान में छोड़ते हुए पाण्डुलिपियाँ तेललैम्प गरिमा क़लमें
ऐसी है हमारी भ्रामक यात्रा शून्यता के छोर पर

क़लम प्राचीन निबवाली क्षमा करो मेरी ग़ैरवफ़ादारी
और तुम दवात अभी भी इतने सारे विचार तुममें हैं
मिट्टी के तेल वाले लैम्प – तुम मेरी याद में एक
उजाड़ शिविर की तरह मर रहे हो

मैंने विश्वासघात का मोल चुकाया
पर मुझे तब पता नहीं था
कि तुम हमेशा के लिए विदा ले रहे हो

और कि
अँधेरा हो जाएगा

मेरे पूर्वजों के हाथ

बिना रुके मेरे अन्दर सक्रिय हैं हाथ मेरे पूर्वजों के
सिकुड़े मजबूत दुबले हाथ काठीदार घोड़े को काबू में रखने के अभ्यस्त
तलवार भाले खंग में निपुण

—ओ कैसी उदात्त शान्ति—एक जानलेवा प्रहार की

क्या कहना चाहते हैं हाथ मेरे पूर्वजों के
पियराये हरे हाथ दूसरी दुनिया से
निश्चय ही यह कि मुझे हथियार नहीं डालना चाहिए
इसलिए वे सक्रिय हैं मेरे अन्दर जैसे गुँधे आटे में
जिससे ख़ाकी रोटी बनायी जाना है

और जो मेरी कल्पना से परे है
वे मुझे काठी पर नाहमवारी से बिठा देते हैं
और मेरे पैर रक़ाब में

प्रार्थना

प्रभु,
मैं जानता हूँ कि मेरे दिन गिनती के हैं
अधिक नहीं बचे हैं
बस इतने कि मैं वह रेत जमा कर सकूँ
जिससे वे मेरा चेहरा ढँक देंगे

मेरे पास पर्याप्त समय नहीं बचा है
कि मैं न्याय कर सकूँ
जिनके साथ अन्याय हुआ है
या उन सबसे क्षमा माँग सकूँ
जिनके साथ मैंने कुछ ग़लत किया
इसलिए मेरी आत्मा दुखी है

मेरे जीवन को
एक वृत्त का बखान करना चाहिए
अपने को एक सुरचित सोनाटा की तरह समाप्त करना चाहिए
और तब मैं स्पष्ट देखता हूँ
प्रस्तुति के पहले के पल में
टूटी तानें
बेमेल रंग और शब्द
गिटर-पिटर असंगति
अव्यस्था की भाषाएँ

क्यों
मेरा यह जीवन
पानी पर बने भँवरों की तरह नहीं था

असीम गहराइयों में सजग
क्यों एक आरम्भ नहीं जो बढ़ता है
अपने को स्तरों सीढ़ियों चुन्नटों में तहाते हुए
तुम्हारे अबूझ घुटनों पर
शान्तिपूर्वक मरने के लिए

मैंने वचन दिया

मैं बेहद युवा था
मेरी सहजबुद्धि ने सलाह दी
मैं अपना वचन न दूँ

मैं आसानी से कह सकता था
इस बारे में अभी सोचूँगा
कोई जल्दी नहीं है
यह रेलवे टाइमटेबिल नहीं है

मैं वचन दूँगा सेकेण्डरी स्कूल पास करने के बाद
फ़ौज़ में अपनी ड्यूटी पूरी करने के बाद
जब मैं मकान बनाऊँगा

पर वक़्त फट पड़ा
न कोई पहले था
न कोई बाद
चौंधियाते अब में
चुनाव करना ही पड़ा
इसलिए मैंने वचन दिया

वचन –
गले के चारों ओर फन्दा
चरम वचन

बिरले क्षणों में
जब हर चीज़ हलकी हो जाती है

पारदर्शिता में बदल जाती है
अपने तईं सोचता हूँ
"मेरा वचन है
मैं खुशी से
वापस ले सकता हूँ"

यह थोड़ी देर चलता है
जैसे यहाँ – संसार की धुरी चरमराती है
लोग आगे चले जाते हैं
दृश्यों के
समय की रंगीन चक्करदार पट्टियाँ
पर दिया हुआ वचन
गले में अटक गया

सपने की भाषा

जब मैं सोता हूँ
दूसरों की तरह
भोर से पहले
घड़ी में चाबी देता हूँ

मैं डूबता हूँ सफ़ेद
पालों वाले जहाज में
लहर मुझे बहा ले जाती है
सफ़ेद पालों वाले जहाज से
चाबियाँ खोजता हूँ
एक दैत्य को मारता हूँ
जो हँसता है
लैम्प जलाता हूँ
लेकिन सबसे ज़्यादा
बुदबुदाता हूँ

मुझे शक है
कि हर कोई सपने चित्रों में देखता है
लेकिन मैं खुद से कहता हूँ
वे सब वाहियात क़िस्से
जैसे कि मैं रहा था
टीले में
कथा के
उसे इस तरह होना चाहिए
सपने की भाषा
सुन्दर और व्यापक

धज्जी जैसी
जब वह व्याकरण तज देती है
स्वरविज्ञान के नियम
अपमान करने की भाषा
भाषा जो मैं नहीं जानता

जब मैं सोता हूँ
बिल्ली के स्थान पर
ताँबे का शरीर
भेदा जाता है कँपकँपाहट से
हम एक धुन कराहते हैं

जब मैं सोता हूँ
बिल्ली के स्थान पर
कभी-कभार शरीर
भेदा जाता है कँपकँपाहट से
एक कराहती धुन
कानों से सुनी जाने वाली

उस समय
सपने की भाषा
अपने को बन्द करती है
थकान से
मुक्त

साफ़-साफ़
मीठे आतंक की भाषा

समय

तो मैं रहता हूँ अलग-अलग समयों में, कहरुबा में कीड़े की तरह, निश्चल, समय के बिना, क्योंकि मेरे अंग अचल हैं और मैं दीवार पर अपनी परछाईं नहीं डालता, सभी गुफा में, जैसे कहरुबा में, निश्चल, इसलिए अस्तित्वहीन;
तो मैं रहता हूँ अलग-अलग समयों में, निश्चल और सभी गतियों से लैस, क्योंकि मैं अवकाश में रहता हूँ और उसी का हूँ और जो भी अवकाश है मुझे उधार देता है ज़बरदस्त रूप संक्रमण का;
तो मैं रहता हूँ अलग-अलग समयों में, अस्तित्वहीन, कष्टपूर्वक निश्चल, और कष्टपूर्वक गतिशील और दरअसल मैं नहीं जानता कि मुझे क्या दिया और क्या हमेशा के लिए ले लिया गया है।

बुढ़ापा

यह सब कुछ मैं पहले से जानता था
इसलिए सिलसिला ज़्यादा आसानी से जुड़ गया तर्कसंगत ढंग से
मतलब ज़्यादा आसानी से
षू-षू नाम की वही बिल्ली गरमाती है पिण्डली और जाँघ के बीच
वही सपना – चूहे का शिकार करना एक बुर्ज जीत का
मुझे कोई यादगार नहीं चाहिए
सचाई नसों में चक्कर लगाती है
बन्द आँखों के सामने
मैं जानता हूँ कि यह वह है जिसने विश्वासघात किया
मुझे इस विषय-वस्तु के विकास की ज़रूरत नहीं
क्योंकि हर चीज़ अपने को दुहराती है

मैं अब बेहतर हूँ
उत्सुक नहीं हूँ

ज़्बीग्न्येव हेर्बेर्त, 1924-1998, कवि, निबन्धकार, नाटककार, अनुवादक। उनका जन्म 29 अक्टूबर 1924 को ल्वूव (वर्तमान यूक्रेन) के एक मध्यवर्गीय, शिक्षित परिवार में हुआ था। उनके पिता वकील थे और एक बीमा कम्पनी में निदेशक थे। हेर्बेर्त परिवार की जड़ें इंग्लैण्ड में थीं और वे पोलैण्ड ऑस्ट्रिया के रास्ते आये थे। ज़्बीग्न्येव हेर्बेर्त की दादी आर्मेनियाई मूल की थीं।

1938 में ज़्बीग्न्येव हेर्बेर्त ने ल्वूव में कसीमीर महान के नाम पर स्थापित विशाल माध्यमिक स्कूल में अपनी शिक्षा आरम्भ की। द्वितीय विश्वयुद्ध छिड़ने के बाद, जर्मन प्रभुत्व के दौर में उन्होंने अपनी आजीविका कई अलग-अलग ढंगों से चलायी। कुछ दिनों के लिए टीके बनाने वाले बहरिंग इंस्टीट्यूट में उन्होंने कीड़ों के पोषक के रूप में भी काम किया। 1942 में उन्होंने ऑफिसर कैडेट के एक स्कूल की पढ़ाई पूरी की। साथ-साथ वे भूमिगत रूप से दूसरी शिक्षा भी पाते रहे और 1943 में उन्होंने परिपक्वता परीक्षा (माध्यमिक स्कूल का अन्तिम वर्ष) भी उत्तीर्ण की। बाद में उन्होंने ल्वूव में जॉन कसीमीर के नाम पर स्थापित भूमिगत विश्वविद्यालय से पोलिश भाषाशास्त्र की पढ़ाई की। वे पोलिश राष्ट्रीय सेना के भी सदस्य रहे, जो लन्दन में निर्वासित पोलिश सरकार के प्रति निष्ठावान भूमिगत सैन्य-संगठन था।

1944 में ल्वूव में रूसी लाल सेना के प्रवेश से पूर्व हर्बेर्त क्राको गए जहाँ वे कला संकाय में पढ़ने लगे। बाद में उन्होंने अपना दाखिला वाणिज्य संकाय में करा लिया और जहाँ से उन्होंने 1947 में अर्थशास्त्र में एम.ए. किया। हेर्बेर्त ने विधि की शिक्षा यग्येलोन्यन विश्वविद्यालय से ग्रहण की। 1948 में वे सोपोत गये और 1949 से तोरुन में रहने लगे जहाँ निकोलस कॉपरनिकस विश्वविद्यालय में उन्होंने विधि एवं दर्शन की शिक्षा प्राप्त की। 1949 में उन्होंने इस विश्वविद्यालय से एम.ए. किया। 1950 से वे वार्सा में रहने लगे, जहाँ वार्सा विश्वविद्यालय से उन्होंने दर्शन की शिक्षा प्राप्त की।

वे समस्त नैतिक समझौतों के विरुद्ध रहे। राजनीतिक कारणों से साहित्यिक पत्रिकाओं में वे नहीं छप सके। उन्होंने विभिन्न नौकरियाँ कीं। इसके बावजूद कि तीन विविध विधाओं में वे डिप्लोमा प्राप्त थे, उन्होंने दुकान में सहायक या माप-तौल निरीक्षक के रूप में भी काम किया।

हेर्बेर्त की पहली कविताएँ—*अंकन, विदा सितम्बर, स्वर्ण-युक्ति* 1950 में कैथेलिकों के बीच पढ़ी जाने वाली पत्रिका *आज और कल* में छपी। इस पत्रिका में वे तीन सालों तक दो लेखकीय उपनामों—'पैतृक' और 'स्टेफन मार्था' के नाम से लिखते रहे। एक अन्य कैथेलिक साप्ताहिक *देशव्यापी साप्ताहिक* में उनका

कॉलम छपता था 'सीधी बात' शीर्षक से। ज्यादातर वे *राष्ट्रव्यापी समीक्षा* और *रचनात्मक साहित्य* में छपे। वे पोलिश राइटर्स एसोसिएशन के 1955 से 1983 तक सदस्य रहे, जब कम्युनिस्ट शासकों ने उसे भंग कर दिया। 1963 से 1968 तक उन्होंने साहित्यिक मासिक *काव्य* का सम्पादन किया। उस दौरान वे घूमे भी खूब। इंग्लैण्ड, इटली, जर्मनी देशों की उन्होंने यात्राएँ कीं। फ्रांस और ग्रीस वे कई दफा गये। अकादमिक वर्ष 1970-71 के दौरान वे लॉस एंजेल्स विश्वविद्यालय में विजिटिंग प्रोफेसर रहे।

1971-72 के दौरान हेर्बेर्त कई महत्त्वपूर्ण संस्थाओं के सदस्य बने, पोलिश पेन क्लब और पश्चिमी बर्लिन की संस्था 'अकादमी देर कूस्ते' उनमें शामिल थी। 1975 में उन्होंने ग्दान्स्क विश्वविद्यालय में व्याख्यान दिये। लेखन के अलावा वे राजनीतिक गतिविधियों में उलझे रहे। दिसम्बर 1974 में उन्होंने तथाकथित *पत्र 15* पर अन्य पोलिश बौद्धिकों के साथ हस्ताक्षर किये जिसमें कम्युनिस्ट सरकार से यह अनुरोध किया गया था कि सोवियत संघ में जबरन रोके गये पोलिश नागरिकों के लिए पोलिश संस्कृति से जुड़ने की सम्भावनाएँ तलाशी जाएँ। दिसम्बर 1975 में जब पोलिश संस्कृति पर खतरा मँडराया तो उन्होंने तथाकथित *स्मारपत्र 59* पर हस्ताक्षर किये थे। पोलिश बुद्धिजीवियों द्वारा राजनीतिक व्यवस्था में बदलाव के लिए किया गया यह पहला बड़ा प्रयास था। 70 के दशक के उत्तरार्द्ध में हेर्बेर्त ऑस्ट्रिया, पश्चिमी जर्मनी और इटली में रहे। 1981 में उन्होंने भूमिगत पत्रिका *प्रलेख* में अपनी रचनाएँ प्रकाशित कीं। 1989 में वे नवगठित पोलिश लेखक संघ के सदस्य बने और 1991 में उन्होंने पोलिश पेन क्लब की सदस्यता से त्यागपत्र दे दिया। 1992 से वे स्थायी रूप से वार्सा में रहने लगे।

हेर्बेर्त की कविताएँ *सॉलिडरिटी साप्ताहिक* एवं त्रैमासिक *साहित्यिक कॉपियाँ* में छपीं। उनको कई महत्त्वपूर्ण अन्तरराष्ट्रीय पुरस्कार मिले, जिनमें *निकोलस लेनऊ पुरस्कार* (ऑस्ट्रिया, 1965), *हेर्डेर पुरस्कार* (जर्मनी 1973) और *पेत्रार्का पुरस्कार* (इटली 1973) प्रमुख हैं।

ज़्बीग्न्येव हेर्बेर्त को 20वीं सदी के महानतम कवियों में गिना जाता रहा है। अमरीकी लेखक टॉमस मेर्टोन ने हेर्बेर्त के बारे में लिखा है : 'वे हमारे समय के सबसे महत्त्वपूर्ण कवि हैं।' उनकी कविताएँ कई भाषाओं में छप चुकी हैं। अंग्रेज़ी (1968 में अमेरिका में एक संकलन छपा, चुनी हुई कविताएँ), इटैलियन, चैक, डच, स्वीडिश और उनमें से कुछ प्रमुख भाषाएँ हैं। हेर्बेर्त की मृत्यु वार्सा में 28 जुलाई, 1998 को हुई।

हेर्बेर्त के जीवन-काल में उनकी कविताओं के कई संकलन छपे : *रोशनी का तार* (1956), *हरमीस, एक कुत्ता और सितारा* (1957), अंकन (1969), *श्रीमान मनीषी** (1974), *घेराबन्द शहर की रपट* (1983), *विदा का शोक गीत* (1990),

---

* यह मूलतः गगन गिल की सूझ है। पुस्तक में हमने *मिस्टर कोगिटो* के स्थान पर इसका प्रयोग किया है।

रोविगो (1992), *झंझावात का भरतवाक्य* (1998), चुनी कविताओं के संकलन : *चुनी हुई कविताएँ* (1973), *कविता-संचयन* (1983), *अठारह कविताएँ* (1983), *एक पुस्तिका* (1984), *कविताएँ* (1998), *89 कविताएँ* (1998), लेख-संचयन : *बाग में बर्बर* (1962), *जड़ पदार्थों का चित्र, एक दहाने के साथ* (1970), नाटक संकलन : *नाटक* (1970)।

मरणोपरान्त निम्नलिखित पुस्तकें प्रकाशित हुईं : *समुद्र तट की भूलभुलैया, चींटियों का राजा, गोर्धन गाँठ, ज़्बीग्न्येव हेर्बेर्त-हेनरिक एलजेनबर्ग, पत्र*।

पत्र-पत्रिकाओं में अब भी अपूर्ण रचनाएँ, टुकड़े, नोट, चित्र, पत्र आदि छपते रहते हैं।

कोई शीर्षक नहीं

वीस्वावा षिम्बोर्स्का की कविताएँ

कविता में हमारी दुनिया

अगर आज की दुनिया में ऐसे कवियों की एक छोटी सूची बनायी जाए जिनकी कविता में, उसकी भाषा, अन्तर्ध्वनियों और कई अभिप्रायों के बहुत दूर होने के बावजूद, हमारी दुनिया नज़र आती है, जिसमें हम हिस्सेदार हैं, जो अपनी निपट मानवीयता में बिल्कुल हमारी लगती है तो उसमें पोलिश कवयित्री वीस्वावा षिम्बोर्स्का का नाम ज़रूर होगा। वे निश्चय ही पोलैण्ड और यूरोप की आधुनिक कविता-परम्परा में शामिल हैं और उसमें अवस्थित करके ही उन्हें ठीक से समझा जा सकता है। लेकिन साधारण जीवन में ज़ाहिर जिजीविषा और मर्म को षिम्बोर्स्का की कविता जैसी सघनता, अकसर विनोद भाव और ताजे ढंग से विन्यस्त करती है और वह उन्हें हमारे अपने पड़ोस का कवि बनाता है। उनकी कविता तब किसी अल्पज्ञात यूरोपीय देश और भाषा की कविता न रहकर ऐसी कविता हो जाती है जो हमसे सीधे बोलती है, हमें अपना ही जीवन, उसके आशय, उसकी अप्रत्याशित परिणतियाँ, उसकी रोजमर्रा की झंझटों में छुपे मर्म दिखाती है। जैसा कि उनके समानधर्मा और उनकी ही तरह नोबेल पुरस्कार से विभूषित पोलिश कवि चेस्लाव मीलोष ने उन्हीं के सन्दर्भ में कहा है कि कविता, जो मानवीय नियति के स्थायी और अनपलट निर्देशांकों को, प्रेम, प्रयत्न, पीड़ा के भय, आशा, चीज़ों की क्षणभंगुरता और मृत्यु – को सम्बोधित है हमें यह भरोसा करने की ओर ले जाती है कि कवि हममें से एक है और उसकी नियति में साझेदारी है। षिम्बोर्स्का की कविता, अपने सभी महत्त्वपूर्ण मुकामों, पर मनुष्य की असंख्य सचाइयों और उसकी नियति में हमारी सबकी साझेदारी का सत्यापन करती है। उसको पढ़ते हुए एक भारतीय पाठक को इतनी दूर बैठी और अन्यथा लगभग अज्ञात कवि का उसकी अपनी

दुनिया को उसकी बुनियादी रंगतों में जानना-पहचानना चकित करता है, बेहद प्रीतिकर लगता है सो अलग।

इसका एक कारण शायद यह है कि षिम्बोर्स्का की अधिकांश कविता रोज़मर्रा की छवियों और बातचीत के लहजे में रची गयी है। उसमें सीधा सम्बोधन है और तुरन्त अपने घेरे में ले लेने वाली आत्मीयता। उसका काव्यकौशल इसमें है कि वे साधारणता की इस सरल सी लगने वाली स्थिति से हमें ऐसी स्थिति की ओर सहज भाव से ले जाती हैं जो अपने आप में जटिल होती है और जिसमें साधारण में अन्तर्निहित असाधारण की ठोस और अनिवार्य उपस्थिति है। यह साधारण को नाटकीय या किसी द्रविड़ प्राणायाम से जटिल बनाना नहीं है, बल्कि साधारण की तहों में दबे-छुपे असाधारण को खोजना-दिखाना भर है। अच्छी कविता हमेशा यह काम करती है। वह हमारे चारों ओर फैले साधारणता के राज्य में हस्तक्षेप कर उसी में रहते हुए हमें असाधारण के सम्पर्क में ला देती है। यह सम्पर्क एक तरह से गोपनीय होता है और रहस्य भी। हमारा मौन कविता में मुखर हो जाता है : हम ऐसी आवाज़ सुनते हैं जो भले हमारी न हो, हमें पल भर के लिए भ्रम होता है कि उसमें हम बोल रहे हैं। षिम्बोर्स्का अपनी आवाज़ में हमसे ही नहीं, हमारा कुछ बोलती है। षिम्बोर्स्का की कविता की बुनियादी अन्तर्ध्वनि यह जान पड़ती है कि हम अपनी साधारणता में ही सबसे अधिक अदम्य और सहज रूप से मानवीय हैं। ऐसा बहुत सा है कि जो हमारे इर्द-गिर्द है और जिसमें से अधिकांश हम ही ने रचा-पोसा है जो इस मानवीयता के आड़े आता है। षिम्बोर्स्का को इसका तीखा अहसास है : उनकी कविता की दूसरी अन्तर्ध्वनि इस सचाई के निर्दय स्वीकार की है। उनकी कविता की निष्ठुरता का उल्लेख मीलोष ने अकारण नहीं किया है।

साधारण की महिमा को जो अपने केन्द्र में इतने जतन और समझ से रखती है वही कविता स्वयं अपने को महिमामण्डित करने से बराबर बचती है। कवि या कविता को लेकर किसी तरह की अतिरंजना के लिए षिम्बोर्स्का के काव्यशास्त्र में कोई जगह नहीं है। उनके यहाँ कविता को लेकर संकोच है : उनकी कविता अपने बारे में झिझकती कविता है। इसे एक क़िस्म का आत्म-अपस्फीति भी कहा जा सकता है। जब वे कहती हैं कि 'गद्य में सब कुछ हो सकता है, कविता तक भी/लेकिन

कविता में सिर्फ़ कविता हो सकती है' तो यह कविता की सीमा का स्पष्ट स्वीकार है। षिम्बोर्स्का की कविता हमारे समय में पग-पग पर जो सीमाएँ हमारी मानवीयता की बनती जाती हैं या उस पर लादी जाती हैं उनकी पहचान की कविता है। यह नहीं कि बीसवीं शताब्दी के अपने अन्य समकालीनों की तरह षिम्बोर्स्का में सीमाओं का अतिक्रमण करने का साहस कुछ कम रहा है। यही कि ऐसा अतिक्रमण करते हुए भी वे सख़्त और खुरदरे, लगभग अनम्य यथार्थ को उजागर करना नहीं भूलतीं। सच्ची कविता का एक काम अगर हमारे उलझे और तरह-तरह के आवरणों से ढँके जाते समय में सचाई पर, उसकी जटिल परतों पर, तहों पर दृष्टि एकाग्र रखना है तो निश्चय ही षिम्बोर्स्का की कविता परदों के आर-पार भेद सकने वाली कविता है। साथ ही वह ऐसी कविता भी है जो लगातार अपने को लेकर सन्देह करती है। उसका यह संकोच उसे एक तरह की वेध्यता देने के साथ-साथ निर्मल नैतिक आभा भी देता है। अगर वह दोस्त कविता है तो ऐसी जिसमें कवि 'नासेह' नहीं 'चारासाज़' और 'ग़मगुसार' है। उसे 'राहरौ' होने का कोई चाव या दम्भ नहीं है : यह हमारे साथ है, उजालों और अँधेरों में, बीच की अनगिनत झिलमिलों और गोधूलि में हमारा सहचर है। सौभाग्य से उसके पास कोई मशाल नहीं है जिसकी रोशनी में हम आश्वस्त होकर आगे बढ़ सकें : उसके पास तो लौ है, आत्मीय और गरमाहट-भरी, जिससे हम चाहें तो अपनी छोटी मोमबत्ती या नन्हा सा दिया जला सकते हैं।

2

कविता प्रायः तीन स्तरों पर से किसी न किसी स्तर पर संवाद होती है : अपने आप से संवाद, दूसरों से संवाद या कि भाषा से संवाद। कभी-कभी ये तीनों स्तर इतने घुलमिल जाते हैं कि उन्हें अलगाना सम्भव या आवश्यक नहीं होता। षिम्बोर्स्का की कविता एक से अधिक अर्थों में संवादप्रिय है : उसमें संवाद की यानी बातचीत की भाषा का इस्तेमाल अकसर होता है – बातचीत का जाने-पहचाने के सर्वथा अप्रत्याशित आशय खुलने लगते हैं। षिम्बोर्स्का उन कवियों में से नहीं हैं जो किसी नैतिक ऊँचाई से सचाई को देखते-परखते हैं। वह बातचीत की शैली का उपयोग अपनी नैतिक हिस्सेदारी ज़ाहिर

करने के लिए भी करती हैं। जो बात कर रहा है वह साथ में है, शामिल है। षिम्बोर्स्का अपने को बख्शनेवाली कविता नहीं लिखती हैं। भले उनमें हिन्दी कवि गजानन माधव मुक्तिबोध जैसा तीक्ष्ण आत्माभियोग सक्रिय नहीं है, उनकी कविता आत्मालोचन की भी विधा है। उनकी कविता में दूसरे कौन हैं इसे सरलीकृत सामान्यीकृत नहीं किया जा सकता है। लेकिन इतना तय है कि दूसरे उनकी कविता सम्बोधन और कथ्य का अनिवार्य अंग है। यह कविता एकान्त या शरण की तलाश करती कविता नहीं है। यह दूसरों से संवाद और नोकझोंक, जब-तब मुठभेड़ करती कविता है। इसकी एक अन्तर्ध्वनि यह भी है कि अपनी अच्छी-बुरी दुनिया हमने मिलकर बनायी, बिगाड़ी और बरबाद की है; कि हम एक साथ समान रूप से ज़िम्मेदार हैं और हम मिलकर ही इस दुनिया को बचा सकते हैं। पोलिश भाषा से घनिष्ठ परिचय न होने के कारण यह कहना सम्भव नहीं है कि षिम्बोर्स्का की कविता भाषा से किस तरह का और कितने स्तरों पर संवाद करती है। लेकिन चूँकि उनकी कई कविताओं की काया ही संवाद की है, इतना तो अहसास होता ही है कि वे भाषा के कई रजिस्टरों का इस्तेमाल कर अपनी कविता रचती हैं।

इतिहास बीसवीं शताब्दी की कविता का एक प्रमुख सरोकार रहा है और यह सम्भव नहीं है कि षिम्बोर्स्का जैसी पोलिश कवयित्री इस सरोकार से दूर रह सके। स्वयं एक देश के रूप में पोलैण्ड ने इस दौरान इतिहास की दो दुर्दान्त और अजेय लगती तानाशाहियों को झेला और फिर ध्वस्त होते देखा है। उसका यह ऐतिहासिक अनुभव उनकी दैनन्दिन सचाई में ऐसा गुँथा हुआ है कि उस देश की भाषा में लिखने वाला कोई भी सजग कवि उस अनुभव की आँच और चोट से बच नहीं सकता। पोलिश कविता ने बीसवीं शताब्दी के उत्तरार्द्ध में ऐतिहासिक अनुभवों और निजता के मेल से जो नया काव्यशास्त्र विकसित किया उसके स्थपतियों में षिम्बोर्स्का भी रही हैं। इतिहास सचाई को चमक देता है तो अक्सर उसे मटमैला भी करता है। यह इतिहास-मैली सचाई षिम्बोर्स्का के यहाँ बार-बार उभरती रहती है। कई बार लगता है कि उनकी कविता कचरे को बुहारकर अलग करने से पहले उसे मानो एकटक निहार रही है।

इतिहास की अनिवार्यता को बखूबी समझते और स्वीकार करते हुए षिम्बोर्स्का अपनी चौकन्नी ज़िम्मेदारी में यह भी जानती हैं कि हमारे समय में, या शायद हर समय में, स्मृति शक्तियों से अधिक प्रबल और प्रभावकारी विस्मृति की शक्तियाँ होती आयी हैं। उनकी कविता, प्रकारान्तर से, भूलने के विरुद्ध मर्मसंकेत है। फिर भी, उनके यहाँ विस्मृति की फैलती सचाई से इनकार नहीं है :

उन्हें जो जानते थे
यह सब काहे के बारे में था
जगह देनी पड़ी उनको
जो थोड़ा जानते थे।
और कम थोड़े से भी
और अन्ततः लगभग कुछ भी नहीं।

इतिहास के इस तरह धूमिल पड़ते जाने के बोध के साथ ही साथ षिम्बोर्स्का में समय की भंगुरता का बोध भी उतना ही तीखा है :

यहाँ तक कि एक भंगुर क्षण के भी विशद अतीत होता है,
उसका अपना शुक्रवार शनिवार के पहले,
उसकी अपनी मई जून के पहले।
होता है अपना क्षितिज समान रूप से सच
जैसे कि फ़ौज़ी कप्तान के दूरबीन में।

प्रेम जैसे सनातन काव्यविषय को लेकर भी षिम्बोर्स्का अपनी संशयशीलता सक्रिय रखती हैं। वे कहती हैं :

सच्चा प्यार। क्या वह ज़रूरी है?
सूझ-बूझ और संवेदनशीलता सतर्क करती है उसके बारे में चुप रहने को।
जीवन के ऊँचे क्षेत्रों के घोटाले की तरह।
उत्कृष्ट सन्तान होती है उसके बिना।
निश्चय ही वह कभी भी धरती पर आबाद नहीं हो पाएगा,
क्योंकि वह अविश्वसनीय रूप से बिरले ही होता है।

पहले प्यार को याद करते हुए उनकी पंक्तियाँ हैं :

हमारी बरसों बाद एकमात्र मुलाक़ात
वह बातचीत है दो कुर्सियों की
एक ठण्डी मेज़ के पास।

दूसरे प्यार
अब तक मेरे भीतर गहरे साँस ले रहे हैं।
इसके पास आह भरने की साँस तक नहीं।

यह कहना उचित नहीं होगा कि अन्ततः षिम्बोर्स्का की दुनिया निराशा से भरी है। यह सही है कि उसमें निराशा की दैत्याकार उपस्थिति है लेकिन ऐसी नहीं कि वह अपने से अलग कुछ और को न होने दे :

मेरा पहचान-चिह्न
अचरज और नाउम्मीदी है।

कहना चाहिए कि अचरज उनकी नाउम्मीदी को नियमित और संशोधित करता है।

षिम्बोर्स्का एक स्तर पर हमारी दुनिया के बेबाक बखान की शिल्पी हैं। उनके अनुसार

और यों तो पड़ोस में कुछ महान नहीं घट रहा है,
दुनिया में, उस वजह से, ब्योरों की कमी नहीं है,
वह कम उचित नहीं है, उसका बखान बदतर नहीं है,
जितना कि वह थी जब तक कि उसे प्रवासी लोगों ने बाँट
नहीं दिया।

हमारे समय में बड़ी कविता वही है जो हमें अपनी दुनिया, ब्योरों और बखान के साथ, वापस करे क्योंकि वह अकसर हमारे हाथों से छूटती जाती है। उसे बचाना तो दूर, हम उसे जान तक नहीं पाते। षिम्बोर्स्का की कविता दुनिया को जानने और, हो सके तो, बचाने दोनों में हमारी मददगार है।

3

मूल पोलिश से यह हिन्दी अनुवाद मैंने और डॉ. रेनाता चेकाल्स्का ने मिल-जुलकर किये हैं। आधुनिक संसार की कुछ महान कविता, इस तरह, हिन्दी में आ गयी यह बात मेरे लिए अनुवादक से बढ़कर कवि के रूप में बेहद तोषप्रद है। इससे हिन्दी कविता का पड़ोस समृद्ध हुआ है इसमें कोई शक नहीं।

अ वा

सर्कस के जानवर

भालू नाच रहे हैं लय में थपकी देते हुए,
एक सिंह कूदता है जलते हुए घेरे में से,
पीली पोशाक में एक बन्दर चला रहा है साइकिल,
चाबुक फटकारता और संगीत झनझनाता है,
चाबुक फटकारता और जानवरों की आँखों को झुलाता है,
एक हाथी अपने सिर पर घड़ा लिये घूमता है,
कुत्ते नाचते हैं और सावधानी में अपने क़दम तोलते हैं।

बेहद उलझन में हूँ, मैं–एक आदमी।

उस दिन कोई मज़ा नहीं आया :
ज़ोरदार तालियों ने कुछ उठा नहीं रखा
हालाँकि चाबुक से लम्बे हुए हाथ ने
रेत पर तीख़ी परछाईं डाली।

खुद से पूछे गये सवाल

क्या मतलब है मुस्कराहट का
और हाथ मिलाने का?
स्वागत के क्षण में
क्या तुम कभी दूर नहीं होतीं,
उतनी ही जितना
एक पुरुष दूसरे पुरुष से
जब कोई लेता है अप्रीतिकर फ़ैसला
पहली नज़र का?
क्या तुम हर आदमी के हिस्से को
खोलती हो पुस्तक की तरह
उसके छापे के साँचे में नहीं
न ही उसके आकार में
तुम रोमांच खोजती हो?
क्या यह तय है और वह सब कुछ है
जो तुम लोगों से खोज निकालती हो?
एक टालमटोल करता शब्द
तुमने उत्तर की तरह दिया,
ईमानदारी के बजाय एक रंगबिरंगा चुटकला –
तुम नुकसान की कैसे गिनती करोगी?
अनहुई मित्रताएँ,
बर्फ़-विजड़ित संसार।
क्या तुम जानती हो कि मित्रता को दरकार है
सहरचे जाने की प्रेम की तरह?
कोई इस कर्कश चेष्टा में
गति के साथ नहीं चल पाता।
और क्या मित्रों की ग़लतियों में

तुम्हारा कोई दोष नहीं था?
किसी ने शिकायत की और सलाह माँगी।
कितने आँसू सूख चुके
तुम्हारे मदद में आने से पहले?
तुम्हारी साझी ज़िम्मेदारी है
सहस्राब्दी की खुशहाली के लिए –
क्या तुम निरादर नहीं करती हो
एक अकेले क्षण
एक आँसू और एक चेहरे की सिकुड़न का?
क्या तुम कभी भी किनारा नहीं करतीं
किसी दूसरे के संघर्ष से?
एक मेज़ पर एक गिलास था
और किसी ने उस पर ध्यान नहीं दिया,
जब तक वह गिर नहीं पड़ा
बेढंगी हरकत के धक्के से।

क्या लोगों में दूसरे लोगों के लिए
चीज़ें होती हैं सरलतम ढंग से?

कुछ भी दो बार नहीं

कुछ भी दो बार नहीं होता
और नहीं होगा कभी। इस वजह से
हम बिना हुनर के पैदा हुए
और हम मर जाएँगे बिना ढर्रे पर चले।

दुनिया के स्कूल में हम
सब गूँगे छात्र क्यों न हों
हम कभी दुहराएँगे नहीं
जाड़ों या गर्मियों का सत्र।

कोई दिन अपने को दुहराता नहीं,
दो रातें कहीं नहीं जो एक समान हों,
दो चुम्बन नहीं एक से,
दो निगाहें एक सी नहीं किसी की आँखों में।

कल जब किसी ने तुम्हारा नाम
ज़ोर से लिया मेरे सामने,
मुझे लगा यह एक गुलाब के
खुली खिड़की से झरने की तरह था।

आज, जब हम साथ हैं,
मैं अपना चेहरा दीवार की तरफ़ छिपाती हूँ।
एक गुलाब? गुलाब कैसा दीखता है?
क्या एक फूल? या शायद एक पत्थर?

बुरी घड़ी, तुम क्यों मिली हुई हो

एक ग़ैरज़रूरी डर के साथ?
तुम हो – इसलिए तुम्हें खत्म होना है।
तुम ख़त्म होगी – इसलिए यह सुन्दर है।

मुस्कराते हुए, अधलिपटे,
हम संगति बिठाने की कोशिश करते हैं,
हालाँकि हम एक दूसरे से अलग हैं
साफ़ पानी की दो बूँदों की तरह।

पुण्यस्मृति

उन्होंने केलि की पहाड़ी बादाम के कुंज में
ओस के सूर्यों के नीचे,
सूखी पत्तियाँ और मिट्टी
उनके बालों में चिपकीं।

अबाबील के हृदय
उन पर दया करना।

झील के किनारे झुके
उन्होंने पत्तियाँ झाड़ीं
मछलियाँ किनारे के पास तैरीं
तारे की अभिसरित किरणों जैसी।

अबाबील के हृदय,
उन पर दया करना।

धुआँ उठा पेड़ों की परछाइयों से
छोटी होती लहरों पर
अबाबील, ऐसा करो कि वे कभी
भूल नहीं पाएँ।

अबाबील, बादल का काँटा,
हवा का लंगर,
बेहतर आइकेरस,
स्वर्गारोहण का पुछल्लेवाला लबादा,

अबाबील, तुम सुलिपि,
बिना मिनिटों का घड़ी काँटा,
आरम्भिक पक्षीतव का गाथिक,
स्वर्ग की आँखों का तिरछापन,

अबाबील, तुम तीख़ी चुप्पी,
उच्छल शोक,
प्रेमियों का ज्योतिकिरीट,
हम पर दया करना।

सुबह चार बजे

पहर रात से दिन तक।
पहर एक करवट से दूसरी करवट तक।
पहर तीस बरसवालों का।

पहर पालतू मुर्ग़ के बाँग देने के लिए बुहारकर साफ़।
पहर जब धरती हमसे कोई सम्बन्ध होने से इनकार करती है।
पहर जब बुझे तारों की दिशा से बयार बहती है।
पहर क्या-हमारा-कुछ-भी-नहीं-बचेगा का।

पहर खाली।
बहरा, पोला।
दूसरे सभी पहरों का तल।

कोई भी अच्छा महसूस नहीं करता सुबह चार बजे।
अगर चींटियाँ अच्छा महसूस करती हैं सुबह चार बजे
—हमें चींटियों को बधाई देना चाहिए। और पाँच बजे सुबह
को आने दो
अगर हमें जीते रहना है।

एक अप्रत्याशित भेंट

हम एक-दूसरे के प्रति बहुत शिष्ट हैं,
हम इसरार करते हैं कि इतने बरसों बाद मिलना प्रीतिकर है।

हमारे शेर दूध पीते हैं।
हमारे बाज़ पैदल घूमते हैं।
हमारी शार्क मछलियाँ पानी में डूब जाती हैं।
हमारे भेड़िए खुले पिंजरे के सामने जँभाई लेते हैं।

हमारे व्याल छुटकारा पा चुके हैं अपने लहरियों से,
बन्दर प्रेरणाओं से, मोर अपने पंखों से।
चमगादड़ें बहुत पहले हमारे बालों से उड़ चुकीं।

हम वाक्य के अधबीच चुप हो जाते हैं,
असहाय मुस्कराते हुए।
हमारे मनुष्य
एक-दूसरे से बात नहीं कर सकते।

यास्वो के नज़दीक भुखमरी शिविर

यह लिखो। लिखो। मामूली स्याही से
मामूली काग़ज़ पर : उन्हें भोजन नहीं दिया गया,
वे सब भूखे मर गये। *सबके सब? कितने?*
वह एक बड़ा घासमैदान है। कितनी घास
प्रति व्यक्ति? लिखो : मैं नहीं जानता।
इतिहास कंकालों की गिनंती पूरी करता है शून्य पर।
एक हज़ार एक फिर भी एक हज़ार है।
वह एक लगता है कभी रहा ही नहीं :
एक कल्पित भ्रूण, एक ख़ाली पालना,
न किसी के लिए खुली पहली पाठ्यपुस्तक,
हवा जो हँसती है, चीख़ती है और बढ़ती है,
सीढ़ियाँ जो जाती हैं ख़ालीपन तक, बगीचे की ओर उतरता हुआ,
कतार में एक की जगह नहीं।

हम इस घासमैदान में हैं जहाँ देह में रूपान्तरण हुआ।
और वह चुप है इस गवाह की तरह जिसे ख़रीद लिया गया है।
धूप में। हरा। पास में एक जंगल,
लकड़ियाँ चबाने के लिए, छात्र के पीछे बूँद पीने के लिए—
दृश्य का रोज़मर्रा हिस्सा,
जब तक कोई अन्धा नहीं हो जाता। ऊपर एक पक्षी,
जो चला जिसके पोषक पंखों की छाया
ओठों पर। जबड़े खुल रहे थे
एक दाँत दूसरे से किटकिटाया।
रात को एक हँसिया आकाश में चमक रहा था
जो फ़सल इकट्ठी कर रहा था कल्पित रोटियों के लिए।
काली पड़ गयी प्रतिमाओं से हाथ उड़ रहे थे

अपनी उँगलियों में ख़ाली प्याले सम्हालें हुए।
कँटीले तार की धार पर
एक आदमी झूल रहा था।
मुँह में मिट्टी भरे हुए एक गाना गाया। *एक सुन्दर गाना*
युद्ध के बारे में जो सीधे चोट करता है हृदय पर।
लिखो, किस तरह की शान्ति यहाँ है।
हाँ।

गाथा-गीत

यह गाथा-गीत है एक स्त्री का जिसकी हत्या हुई
जो अचानक कुर्सी से उठ खड़ी हुई।

गाथा-गीत जो सदाशयता से रचा गया
काग़ज़ पर लिखा गया।

अनढँकी खिड़की के बग़ल में
लैम्प की रोशनी में सब कुछ हुआ।

जो चाहता वह देख सकता था।

जब दरवाज़ा बन्द होने लगा
और हत्यारा सीढ़ियों पर नीचे भागा
वह उठी जैसे कि ज़िन्दा लोग
अचानक ख़ामोशी से जगाये जाने पर।

वह उठती है, अपना सिर हिलाती है
और वह अँगूठी जैसी सख़्त
आँखों से चारों ओर देखती है।

वह हवा में नहीं उड़ती
बल्कि आम फ़र्श पर
चरमराती लकड़ी पर चलती है।

जो सबूत हत्यारे के पीछे बचे
उन्हें वह स्टोव पर जलाती है। बिल्कुल आखिरी

हिस्सा फ़ोटो का आख़िर वे बचे
जूते का तस्मा दराज़ के अन्दर से।

उसका गला नहीं घोटा गया।
उसे गोली नहीं मारी गयी।
वह एक अदृश्य मौत से मरी।

वह अभी भी ज़िन्दगी से चिह्न प्रगट करती है,
कई छोटे-मोटे कारणों से रोती है,
डर से चीख़ती है
देखकर एक चूहा।
इतनी सारी
कमज़ोरियाँ और स्वभाव के हास्यास्पद पहलू
जिनका छद्म करना कठिन नहीं।

वह उठी जैसे कोई उठता है।

वह चली है जैसे कोई चलता है।

वह गाती है अपने बाल तक सँवारते हुए,
जो अभी भी बढ़ रहे हैं।

वाइन पीते हुए

उसने निहारा, मेरी सुन्दरता को बढ़ाते हुए,
और मैंने उसे अपना समझा।
खुश, मैं एक तारा निगल गयी।

मैंने उसे गढ़ने दिया अपने को
उसकी आँखों में अपने अक़्स के अनुसार।
मैं नाचती हूँ, नाचती हूँ
अचानक पंखों की बहुतायत में।

एक मेज़ एक मेज़ है, वाइन वाइन है
एक गिलास में जो एक गिलास है
और मेज़ पर रखे हुए वह रखा है।
लेकिन मैं कल्पना की उपज हूँ,
विश्वास से परे कल्पना की,
हड्डियों तक कल्पना की।

मैं उससे वही कहती हूँ जो वह चाहती है : चींटियों के
प्रेम से मरती हुई
कुकरौंधा की नक्षत्र-राशि के नीचे।
मैं सौगन्ध खाती हूँ कि सफ़ेद गुलाब
वाइन से छिड़के जाने पर गाती है।
मैं हँसती हूँ, अपना सिर टेढ़ा करती हूँ
सावधानी से, मानो कि मैं जाँच कर रही होऊँ
एक आविष्कार। मैं नाचती हूँ, नाचती हूँ
चकित त्वचा में, एक आलिंगन में,
जो मुझे रचता है।

हव्वा एक पसली से, समुद्र-झाग से वीनस,
ज्यूपिटर के सिर से मिनर्वा
कहीं ज़्यादा वास्तविक थे।

जब वह मेरी ओर नहीं देख रहा होता
मैं खोजती हूँ अपना अक्स
दीवार पर। मैं देखती हूँ सिर्फ़
एक कील जिससे चित्र उतार लिया गया है।

* * *

बहुत पास हूँ उसके इतने कि वह मेरा सपना नहीं देख सकता।
मैं उसके ऊपर नहीं उड़ रही, मैं उससे भाग नहीं रही
पेड़ों की जड़ों के नीचे। बहुत पास हूँ।
मेरी आवाज़ नहीं गा रही है मछली जाल में।
मेरी उँगली से नहीं लुढ़कती है अँगूठी।
बहुत पास हूँ। बड़े घर में आग लगी है
मेरे बिना सहायता की पुकार लगाए। बहुत पास
मेरे एक बाल से उलझी घण्टी बजने के लिए।
बहुत पास इतने कि मेहमान की तरह दाख़िल नहीं हो सकता
जिसके सामने दीवारें खुलती हैं।
फिर कभी मैं इतनी आसानी से नहीं मरूँगी,
अपने शरीर से इतना परे, तो अनजाने
जैसा कि कुछ समय उसके सपने में। बहुत पास हूँ,
बहुत पास। मैं सुनती हूँ फूत्कार
और चमकता खोल इस शब्द का,
आलिंगन में निश्चेष्ट। वह सो रहा है,
इस पल वह अधिक पास कुल एक सिंहवाले घुमन्तू सर्कस के लिए
टिकट बेचने वाली औरत के जिसे वह ज़िन्दगी में एक बार ही
मिला था
बजाय मेरे जो उसके बग़ल में लेटी है।
अब उसके लिए उसके भीतर एक घाटी बढ़ती है
तँबियायी पत्तियों वाली, सीमित एक बर्फ़ीली पहाड़ी से
जो नीली हवा में है। मैं बहुत पास हूँ,
इतने कि उसके लिए स्वर्ग से गिरा उपहार नहीं हो सकती।
मेरी चीख
सिर्फ़ उसे जगा सकती है। बेचारी,

अपने रूप तक सीमित,
और मैं होती थी एक भोजवृक्ष, मैं होती थी एक गिरगिट
और मैं निकल आयी अलग समयों और संकट में से
मेरी त्वचाएँ दमकती हुई विभिन्न रंगतों में। और मुझे
वरदान था चकित आँखों से ग़ायब होने का,
जो सम्पत्ति है सम्पत्ति की भी। पास हूँ,
बहुत पास हूँ इतने कि वह मेरा सपना नहीं देख सकता।
मैं अपनी बाँह हटाती हूँ सोये हुए के सिर के नीचे से,
निःस्पन्द, काल्पनिक सुइयों से झनझनाता हुआ।
सुइयों में से हरेक की नोक पर गिने जाने के लिए
पतित देवदूत बैठे।

बैबेल की मीनार

कितना बजा है? – हाँ, मैं खुश हूँ,
सिर्फ़ अपनी गरदन में एक घण्टी की कमी लग रही है,
जो तुम्हारे ऊपर बजेगी जब तुम सो रहे होगे।
– *तो तुमने तूफ़ान की आवाज़ नहीं सुनी? दीवार हवा से हिल गयी,*
मीनार ने एक शेर की तरह जमुहाई ली, अपने बड़े दरवाज़े से
जिसके कब्जे बज रहे थे। – क्या यह सम्भव है कि तुम्हें याद नहीं?
मैंने एक सीधी-सादी पोशाक पहन रखी थी
कन्धे पर बटनों वाली। – *और ठीक उसके बाद*
आकाश फट पड़ा सैकड़ों कौंधों में। – मैं अन्दर कैसे आती,
तुम अकेले नहीं थे। – *मैंने अचानक देखे*
रंग दृष्टि होने के भी पहले से मौजूद। – यह शर्म की बात है
कि तुम वायदा नहीं कर सकते हो। – *तुम सही हो, यह*
सपना रहा होगा। – तुम झूठ क्यों बोल रहे हो,
मुझे क्यों बुला रहे हो उसके नाम से,
क्या तुम अब भी उसे प्यार करते हो? – *हाँ, मैं चाहूँगा*
कि तुम मेरे साथ रहो। – मुझे कोई शिकायत नहीं है,
मुझे खुद अन्दाज़ लगा लेना था।
– *क्या तुम अभी भी उसके बारे में सोचती हो?* – लेकिन मैं
रो नहीं रही हूँ।
– *क्या सिर्फ़ इतना ही?* – कोई और नहीं उतना जितना तुम।
– *कम से कम तुम ईमानदार हो।* – चिन्ता मत करो,
मैं यह शहर छोड़ दूँगी। – *चिन्ता मत करो,*
मैं यहाँ से दूर चला जाऊँगा। – तुम्हारे हाथ इतने सुन्दर हैं।
– *यह पुराना क़िस्सा है, औज़ार का फल अन्दर तक गया*
लेकिन हड्डियों को नुकसान पहुँचाये बिना। – कोई बात नहीं,
प्यारे, कोई बात नहीं। – *मैं नहीं जानता,*
न जानना चाहता हूँ कितना बजा है।

हीराक्लीटस की नदी में

हीराक्लीटस की नदी में
मछली पकड़ती हैं मछलियाँ,
मछली काटती है मछली को पैनी मछली से,
मछली बनाती है मछली को, मछली रहती है मछली में,
मछली भागती है घेराबन्द मछली से।

हीराक्लीटस की नदी में
मछली प्यार करती है मछली से,
तुम्हारी आँखें – वह कहती है – आकाश में मछलियों की तरह
चमक रही हैं,
मैं तुम्हारे साथ तैरना चाहती हूँ अपने साझा समुद्र में,
ओ मछलियों के झुण्ड में आये सबसे सुन्दर।

हीराक्लीटस की नदी में
मछली ने आविष्कार किया मछली का सब मछलियों के ऊपर,
मछली झुकती है मछली के आगे, मछली गाती है मछली के लिए,
मछली कटती है मछली से, कि चाहती है हल्के तैरना।

हीराक्लीटस की नदी में
मैं, एक अकेली मछली, मैं, एक अलग मछली
(कम से कम पेड़-मछली और पत्थर-मछली से)
लिखती हूँ, दिये हुए क्षणों में, छोटी मछली,
जो इतने कम समय के लिए रुपहली छीमी में है
कि शायद वह अँधेरा है जो झेंप के साथ झपक रहा है?

एक पत्थर से बातचीत

मैं पत्थर के दरवाज़े पर दस्तक देती हूँ।
— मैं हूँ, मुझे आने दो।
मैं तुम्हारे अन्दर दाख़िल होना,
चारों ओर देखना,
तुम्हें साँस की तरह भीतर समोना चाहती हूँ।

— चली जाओ — पत्थर कहता है।—
मैं कसके बन्द हूँ।
टुकड़े-टुकड़े किये जाने पर भी
हम कसके बन्द ही रहेंगे।
अगर चकनाचूर कर दिये जाएँ
तो भी हम किसी को अन्दर नहीं आने देंगे।

मैं पत्थर के दरवाज़े पर दस्तक देती हूँ।
— मैं हूँ, मुझे आने दो।
मैं आयी हूँ शुद्ध जिज्ञासावश।
जीवन मेरे लिए एक मात्र सम्भावना है
मैं तुम्हारे महल में चहलक़दमी करना चाहती हूँ
और फिर एक पत्ती और पानी की एक बूँद का सैरसपाटा।
इस सबके लिए मेरे पास कम समय है
मेरी नश्वरता को तुम्हें पसीज सकना चाहिए।
— मैं पत्थर का बना हूँ — पत्थर कहता है —
और ज़रूरी तौर पर मुझे गम्भीरता बनाये रखनी है।
यहाँ से चली जाओ।
मेरे पास हँसी वाली मांसपेशियाँ नहीं हैं।

मैं दरवाज़े पर दस्तक देती हूँ।
— मैं हूँ, मुझे आने दो।
मैंने सुना है तुम्हारे भीतर कई बड़े और ख़ाली कमरे हैं,
अनदेखे, बेकार ही सुन्दर,
बेआवाज़, बिना किसी की पदचाप की प्रतिध्वनि के।
मान लो कि तुम खुद भी उनके बारे में ज़्यादा नहीं जानते।

— बड़े और ख़ाली कमरे — कहता है पत्थर —
लेकिन उनमें कोई जगह नहीं।
सुन्दर शायद, लेकिन तुम्हारी तुच्छ इन्द्रियों के
आस्वाद के परे।
तुम मुझे जान सकती हो पर कभी मुझे महसूस नहीं करोगी।
अपनी पूरी सतह से मैं तुम्हारी ओर मुड़ा हुआ हूँ
और मेरा सारा अन्तरंग दूसरी ओर है।

मैं पत्थर के दरवाज़े पर दस्तक देती हूँ।
— मैं हूँ, मुझे आने दो।
मैं तुममें अनन्त काल के लिए शरण नहीं खोज रही हूँ।
मैं दुखी नहीं हूँ।
बेघरबार नहीं हूँ।
मेरी दुनिया लौटने के योग्य है।
मैं ख़ाली हाथ आऊँगी और जाऊँगी।
और यह साबित करने के लिए कि मैं सचमुच मौजूद थी
मैं शब्दों के अलावा और कुछ भी पेश नहीं कर सकती,
जिन पर कोई भी विश्वास नहीं करेगा।

— तुम दाख़िल नहीं होगी — पत्थर कहता है। —
तुममें हिस्सेदारी के अहसास की कमी है।
कोई और अहसास हिस्सेदारी की जगह नहीं ले सकता।
यहाँ तक कि दृष्टि, सब कुछ देखने की हद तक तेज़,
तुम्हें कुछ नहीं देगी हिस्सेदारी के अहसास के बिना।
तुम दाख़िल नहीं होगी, तुम्हारा उस अहसास का इरादा भर है,
सिर्फ़ उसका बीज, कल्पना।

मैं पत्थर के दरवाज़े पर दस्तक देती हूँ।
— मैं हूँ, मुझे आने दो।
मैं दो हज़ार सदियों तक प्रतीक्षा नहीं कर सकती
तुम्हारी छत के नीचे आ सकने के लिए।

— अगर तुम्हें मेरा यक़ीन नहीं — कहता है पत्थर —
पत्ती से पूछो, वह बिलकुल यही कहेगी।
पानी की बूँद से पूछो, वही कहेगी जो पत्ती ने कहा।
आखिर में, अपने सिर के एक बाल से पूछो।
मैं हँसी से दोहरा हो रहा हूँ, हँसी, विकराल हँसी से,
हालाँकि मैं हँसना नहीं जानता।

मैं पत्थर के दरवाज़े पर दस्तक देती हूँ।
— मैं हूँ, मुझे आने दो।

— मेरे पास कोई दरवाज़ा नहीं है — पत्थर कहता है।

लिखने का सुख

कहाँ जा रही है यह लिखित हिरनी लिखित जंगल में से?
क्या वह लिखित पानी पीने
जो उसके मुँह की प्रतिलिपि बनाएगा कार्बन कॉपी की तरह?
वह क्यों अपना सिर उठाती है, क्या उसे कुछ सुनाई पड़ रहा है?
टिके हुए चार पाँवों पर, सच से उधार लिये हुए,
मेरी उँगलियों के पोरों के नीचे वह अपने कान खड़े करती है।
चुप्पी – यह शब्द भी लड़खड़ाता है काग़ज़ पर
और हटाता है
डालियाँ जो जन्मीं 'जंगल' शब्द के पैदा होने से।

सफ़ेद काग़ज़ के ऊपर घात लगाये बैठे
अक्षर, जो अपने को ग़लत जमा सकते हैं,
वाक्य जो घेरे हैं
जिनसे बचाव नहीं।

स्याही की एक बूँद में काफ़ी रसद है
शिकारियों की, अधमुँदी आँखों के साथ
तैयार खड़ी कलम को दौड़ाने के लिए,
हिरनी को घेरने और निशाना साधने के लिए अपनी बन्दूकों से।
वे भूल जाते हैं कि वहाँ जो है वह जीवन नहीं है।
दूसरे क़ानून, सफ़ेद पर काले, यहाँ लागू हैं।
एक आँख का झपकना उतनी देर चलेगा जितना मैं चाहूँगी,
और होने दूँगी विभाजन कई नन्हे अनन्तों में,
गोलियों से भरे, अधबीज में रोके गये।
कभी, अगर मैं कहूँ, यहाँ कुछ भी नहीं होगा।
बिना मेरी इच्छा के एक पत्ती तक नहीं गिरेगी,
न ही घास की एक नोंक झुकेगी छोटे खुर के पूर्ण विराम के नीचे।

तब क्या ऐसी दुनिया है
जिस पर मैं स्वतन्त्रतापूर्वक राज करती हूँ?
ऐसा समय जिसे मैं संकेतों की रस्सी से बाँधती हूँ?
ऐसा स्थायी अस्तित्व जो मेरे आदेश पर हो?

लिखने का सुख।
संरक्षण की सम्भावना।
एक नश्वर हाथ का प्रतिशोध।

हँसी

नन्ही लड़की जो मैं थी –
ज़ाहिर है, मैं उसे जानती हूँ।
मेरे पास कुछ फ़ोटो हैं
उसकी ज़रा सी ज़िन्दगी के।
मुझे कुछ खुशहाल तरस आता है
थोड़ी सी छोटी कविताओं पर।
मुझे कुछ घटनाएँ याद हैं।

लेकिन,
उसे जो यहाँ मेरे पास है,
हँसाने और मुझे बाँहों में भरने के लिए
कुल एक छोटी सी कहानी याद आती है :
बचकाना प्यार इस नन्ही बदसूरती का।

मैं बताती हूँ
कि वह कैसे एक छात्र से प्यार करती थी,
अर्थात् वह चाहती थी कि वह
उसे निहारे।

मैं बताती हूँ
कैसे वह बाहर दौड़ी उससे मिलने
अपने साबुत सिर पर पट्टी बाँधे,
ताकि कम से कम वह, आह, पूछे
कि क्या हुआ।

अजीब नन्ही लड़की।

वह भला कैसे जानती,
कि निराशा तक काम आ सकती है,
अगर सौभाग्य से
कोई कुछ देर और ज़िन्दा रह सके।

मैं उसे रेज़गारी दूँगी केक ख़रीदने के लिए।
मैं उसे सिनेमा-टिकट के लिए दूँगी।
जाओ, मेरे पास समय नहीं है।

तुम देख सकती हो
कि बत्तियाँ गुल हो चुकीं।
उम्मीद है तुम समझ गयी हो
कि दरवाज़ा बन्द है।
दरवाज़े का हत्था मत खींचो –
वह जो हँसने लगा
वह जिसने मुझे बाँहों में भरा
वह तुम्हारा छात्र नहीं है।

अच्छा सबसे यही होगा कि तुम लौट जाओ
वहाँ जहाँ से आयी थीं।
मेरे ऊपर तुम्हारा कुछ देना नहीं निकलता,
एक साधारण स्त्री
जिसे सिर्फ़ पता है
कब
किसी का भेद खोलना है।

हमारी ओर इस तरह मत घूरो
अपनी इन आँखों से
जो ज़्यादा खुली हुई हैं
मरे हुए की आँखों की तरह।

निर्दोष

मानवीय बालों की चटाई पर गर्भ में आयी।
गेर्दा, एरिका। शायर मार्गरिता।
नहीं जानती, सचमुच नहीं जानती उसके बारे में।
इस क़िस्म की ख़बर उपयुक्त नहीं
दिये जाने या पाने के लिए।
ग्रीक कोपदेवियाँ कुछ ज़्यादा ही खरी हैं।
आज हम झुँझलाएँगे उनकी चिड़ियों जैसी अतिशयोक्ति से।

इर्मा। ब्रिगीडा। शायद फ्रिडेरिका।
वह बाइस बरस की है या शायद उससे अधिक बड़ी नहीं।
वह तीन विदेशी भाषाएँ जानती है, यात्रा के लिए आवश्यक।
जिस फ़र्म के लिए वह काम करती है निर्यात करती है
बनावटी सामग्री से बनायी गयी श्रेष्ठ चटाइयाँ।
निर्यात राष्ट्रों को नज़दीकतर लाता है।

बेर्ता। उलरीका। शायद हिल्देगार्दा।
सुन्दर तो नहीं लेकिन लम्बी और छरहरी।
गाल, गर्दन, स्तन, जंधाएँ, पेट
बिलकुल परिपक्व, नयेपन की चमक लिये।
प्रसन्नतापर्वूक नंगे पैर यूरोप के समुद्र-तटों पर
गिरने देती अपने बाल घुटनों तक लम्बे।
मैं इन्हें कतरने की सलाह नहीं दूँगी – हेयरड्रेसर ने उससे कहा –
एक बार कतरे जाने पर इतने घने फिर नहीं बढ़ेंगे।
मुझ पर यक़ीन कीजिए।
इसकी जाँच की जा चुकी है
थाउज़ेण्ड – उण्ड थाउज़ेण्ड माल – हज़ार, और हज़ार बार।

वियेतनाम

ऐ स्त्री, तुम्हारा क्या नाम है? – मैं नहीं जानती।
तुम कब पैदा हुई थीं और कहाँ की हो? – मैं नहीं जानती।
तुमने अपने लिए धरती में गड्ढा क्यों खोदा है? – मैं नहीं जानती।
तुम यहाँ कब से छिपी बैठी हो? – मैं नहीं जानती।
तुमने मेरी अनामिका उँगली क्यों काटी? – मैं नहीं जानती।
क्या तुम जानती हो कि हम तुम्हें कोई नुकसान नहीं पहुँचाएँगे? –
मैं नहीं जानती।
तुम किसी तरफ़ हो? – मैं नहीं जानती।
अब युद्ध है, तुम्हें चुनना पड़ेगा। – मैं नहीं जानती।
क्या तुम्हारा गाँव अभी भी है? – मैं नहीं जानती।
क्या वे तुम्हारे बच्चे हैं? – हाँ।

अस्पताल से रपट

हमने माचिस की तीलियों से तय किया : उससे मिलने कौन जाए।
मुझे चुना गया। मैं मेज़ से उठा।
अस्पताल में मुलाक़ात का समय शुरू होने वाला था।

मेरे अभिवादन का उसने कोई जवाब नहीं दिया।
मैं उसका हाथ थामना चाहता था – उसने पीछे हटा लिया
एक भूखे कुत्ते की तरह जो अपनी हड्डी नहीं छोड़ेगा।

लगा कि वह मरने के बारे में झेंप रहा है।
ऐसे व्यक्ति से, मैं नहीं जानता, क्या कहा जा सकता है।
हमारी निगाहें एक-दूसरे से कतरा रही थीं, जैसे फोटो-मोन्ताज़ में।

उसने मुझसे न रुकने को कहा, न जाने को।
हमारी मेज़ पर बैठे किसी के बारे में उसने नहीं पूछा।
न तुम्हारे बारे में, बलराम। न तुम्हारे बारे में, घनश्याम।
न ही तुम्हारे बारे में, सुखधाम।

मेरा सिर दर्द करने लगा। कौन किसके लिए मर रहा है?
मैंने चिकित्सा की तारीफ़ की और एक गिलास में सजे तीन
बैंजनी फूलों की।
मैंने धूप के बारे में बात की और कुम्हलाता रहा।

यह कितना अच्छा है कि सीढ़ियाँ हैं जिनसे दौड़कर उतरा जा
सकता है।
यह कितना अच्छा है कि एक दरवाज़ा है जिसे खोला जा
सकता है।
यह कितना अच्छा है कि तुम मेज़ पर मेरी प्रतीक्षा कर रहे हो।

अस्पताल की गन्ध से मुझे मिचली आती है।

इतवार को अपने हृदय से

धन्यवाद, मेरे हृदय,
तुम आह नहीं करते, दौड़-धूप करते हो,
बिना चापलूसी, बिना पुरस्कार के,
स्वाभाविक निष्ठा से।

तुम एक मिनिट में सत्तर सत्कार्य करते हो।
तुम्हारा हर संकुचन
एक नाव को धकेलने जैसा है
खुले समुद्र में
धरती की परिक्रमा करने के लिए।

धन्यवाद, मेरे हृदय,
कि समय-दर-समय
तुम इस पूर्णता से नबेर लेते हो
मुझे जो कि नींद तक में अलग है।

तुम इसका इतमीनान करते हो कि मैं अपने से न बेंधी जाऊँ
उस उड़ान तक
जिसमें पंखों की दरकार नहीं।
धन्यवाद, मेरे हृदय,
कि मैं फिर से जागी
और हालाँकि आज इतवार है,
आराम का दिन,
पसलियों के नीचे
छुट्टी से पहले की आम गहमागहमी।

पैलियोलाइट की गर्भाधान सम्बन्धी अन्धश्रद्धा

महान मातृका का कोई चेहरा नहीं है।
काहे के लिए महान मातृका को चेहरा चाहिए?
चेहरा एक शरीर का ईमानदारी से नहीं हो पाता,
चेहरा शरीर को परेशान करता और दिव्य नहीं होता है,
वह शरीर की औपचारिक एकता को गड़बड़ाता है।
महान मातृका का मुख उसका बाहर निकलता पेट है
बीच में अन्धी नाभि के साथ।

महान मातृका के पाँव नहीं हैं।
काहे के लिए महान मातृका को पाँव चाहिए?
वह कहाँ चलेगी।
काहे के लिए वह इस दुनिया के ब्योरों में जाएगी?
वह पहले ही वहाँ पहुँच चुकी है जहाँ वह जाना चाहती थी
वह घात लगाये बैठी है कार्यशाला में तनी हुई चमड़ी के नीचे।

दुनिया है? सो वह अच्छी है।
समृद्ध? इतना बेहतर है।
बच्चों को कहीं भाग सकने की जगह है,
कुछ है जिसकी ओर सिर उठा सकें? सुन्दर।
वह इतनी अधिक है कि वह मौजूद है जब वे सो भी रहे हों,
अतिशयोक्ति की हद तक पूर्ण, और सच?
और हमेशा, पीठ पीछे भी, मौजूद है?
यह सारा है, काफ़ी सारा है उसकी ओर से।

महान मातृका दो नन्हे हाथ सिर्फ़ सिर्फ़ हैं,
दो पहले, अलसाये हुए उसके सीने पर आड़े।

काहे के लिए वे जीवन को आशीर्वाद देंगे
प्रतिभासम्पन्न को उपहार देंगे!
उनका एकमात्र कर्तव्य
पृथ्वी और स्वर्ग के समय के दौरान
बने रहना है इस मामले में
जो कि कभी नहीं होगा।
टेढ़े मेढ़े आकार में विषयवस्तु पर पड़े रहना।
होना अतिहास्य आभूषण का।

विवरणिका

मैं ट्रैंकुलाइज़र हूँ।
मेरा असर अपार्टमैण्ट पर होता है,
दफ़्तर में असरदार हूँ,
इम्तहान में बैठती हूँ,
अदालत में खड़ी होती हूँ,
टूटे नन्हे प्यालों को सावधानी से जोड़ देती हूँ –
बस मुझे लो,
अपनी जीभ के नीचे मुझे गलाओ,
बस मुझे गुटक जाओ,
सिर्फ़ कुछ पानी के साथ मुझे पियो।

मैं जानती हूँ कैसे दुख से निपटना,
बुरी ख़बर का सामना करना,
अन्याय को कमतर करना,
ईश्वर की अनुपस्थिति को चमकाना,
काले टोप के चेहरे से संगति बैठाना।
तुम किसका इन्तज़ार कर रहे हो –
रासायनिक दया में भरोसे रखो।

तुम अभी युवा हो (युवती हो),
तुम्हें भी (तरह) आगे बढ़ना चाहिए।
किसने कहा,
जीवन साहस के साथ जीने के लिए?

मुझे अपना रसातल दो –
मैं उसमें सपनों की तुरुप लगाऊँगी,

तुम मेरे कृतज्ञ होगे (होगी)
गिरने के चार पाँवों के लिए।

अपनी आत्मा मुझे बेच दो।
दूसरा ख़रीदार नहीं आने वाला।

दूसरा शैतान नहीं है।

वापसियाँ

वह वापस आया। कुछ नहीं बोला।
हालाँकि ज़ाहिर था कि उसके साथ कुछ अप्रिय घटा था।
वह अपने कपड़े पहने लेट गया।
अपना सिर कम्बल में ढाँक लिया।
अपने घुटने खींच लिये।
वह लगभग चालीस का है, पर इस समय नहीं।
वह है—पर सिर्फ़ उतना ही जितना अपनी माँ के गर्भ में था
सात त्वचाओं से परे, रखवाले अँधेरे में।
कल वह एक व्याख्यान देगा
मेगागालेक्टिक कास्मोनोटिक्स में होमियोस्टेसिस पर।
अभी तो वह सिकुड़ा, सो गया है।

स्वांगोच्छेदन

हलीना पोशिफ़्रयाटाव्स्का की याद में

ख़तरे में होने पर होलोथूरियन अपने को दो में बाँट लेता है :
अपना एक वह संसार को खाने के लिए देता है,
उसका दूसरा पलायन कर जाता है।

वह अचानक लुढ़क जाता है सत्यानाश और मोक्ष में,
जुर्माने और इनाम में, जो था उसमें और जो होगा उसमें।

हालोथूरियन के शरीर में एक अधहिस्से में रसातल खुलता है
जिसके दो किनारे हैं तत्काल एक-दूसरे से उदासीन।

एक किनारे पर मृत्यु, दूसरे पर जीवन।
यहाँ निराशा, वहाँ आशा।

अगर तराजू है तो उसके दो पलड़े डाँवाडोल नहीं होते।
अगर न्याय है तो यही है।

मरना उतना जितना ज़रूरी है बिना अति किये।
पनपना उतना जितना ज़रूरी है बचे हुए अवशेष से।

हम अपने को बाँट सकते हैं, हाँ यह सच है, सकते हैं।
लेकिन सिर्फ़ शरीर और अचानक रुक गयी फुसफुसाहट में।
शरीर में और कविता में।

एक ओर गला और दूसरी ओर हँसी,
हलकी और तेज़ी से शान्त होती हुई।

यहाँ एक भारी हृदय वहाँ नॉन ओमनीस मोरियार
(मैं मरूँगा नहीं पूरा),
सिर्फ़ तीन नन्हे शब्द उड़ान के तीन पंखों की तरह।

रसातल हमें आधा नहीं बाँटता।
रसातल हमें घेरे है।

सपनों की प्रशंसा में

एक सपने में
मैं एक चित्र बनाती हूँ वरमीर वान डेल्फ़्ट जैसा।

मैं ग्रीक धाराप्रवाह बोलती हूँ
जीवितों भर से नहीं।

मैं कार चलाती हूँ
जो मेरी आज्ञाकारी है।

मैं प्रतिभाशाली हूँ,
मैं महान लम्बी कविताएँ लिखती हूँ।

मैं आवाज़ें सुनती हूँ
गम्भीर सन्तों से बदतर नहीं।

तुम चकित होगे
मेरे पियानो-वादन की उत्कृष्टता से।

मैं उड़ती हूँ जैसा कि किसी को करना चाहिए
अर्थात अपनी ही योग्यता में से।

छप्पर से गिरते हुए
मैं धीरे से हरे में गिर सकती हूँ।

मेरे लिए कठिन नहीं है
पानी के अन्दर साँस ले सकना।

मैं शिकायत नहीं करती हूँ :
मैं एटलाण्टिस खोज पायी हूँ।

मुझे अच्छा लगता है कि मृत्यु से पहले
मैं हमेशा जाग जाती हूँ।

युद्ध शुरू होने के फ़ौरन बाद
मैं बेहतर पहलू की ओर मुड़ जाती हूँ।

मैं हूँ लेकिन मुझे नहीं होना है
एक युग की सन्तान।

कुछ बरस पहले
मैंने दो सूर्य देखे।

और परसों एक पेंगुइन।
बिल्कुल साफ़-साफ़।

सच्चा प्यार

सच्चा प्यार। क्या यह सामान्य है,
क्या यह गम्भीर है, क्या लाभप्रद है –
दुनिया को क्या मिलता है दो व्यक्तियों से,
जो दुनिया को नहीं देखते हैं?

एक दूसरे के लिए आनन्दित, बिना किसी गुण के,
हज़ारों में से कोई भी, लेकिन आश्वस्त,
कि यह होना ही था – किसके लिए पुरस्कार? कुछ नहीं के लिए।
रोशनी कहीं नहीं से पड़ती है –
क्यों ठीक-ठीक, दूसरों पर नहीं?
क्या वह न्याय को अपमानित करती है? हाँ।
क्या वह विचलित करती है सावधानीपूर्वक बनाये गये नियम,
चोटी के सबक को ध्वस्त करती है? विचलित करती और
ध्वस्त करती है।

उन सुखी व्यक्तियों को देखो :
अगर वे सिर्फ़ थोड़ा छिपा लें,
हतोत्साह होने का स्वाँग करते हुए, दोस्तों को चैन देते हुए!
सुनो, वे कैसे हँसते हैं – आपत्तिजनक ढंग से।
वे कौन सी भाषा बोलते हैं – लगती है समझ में आनेवाली।
और ये सभी अनुष्ठान और हंगामा जो वे मचाते हैं,
एक-दूसरे के प्रति कर्तव्य कल्पित करते हैं –
यह दिखता है कि षड्यन्त्र जैसा मानवता के पीठ पीछे!

मुश्किल है इसका पूर्वाभास तक कर पाना कि क्या हो सकता है
अगर उनके उदाहरण का अनुसरण हो।

धर्म, कविता किस आसरे पर रहेंगे,
क्या याद रहेगा, क्या छोड़ दिया जाएगा,
मण्डली में कौन बने रहना चाहेगा।

सच्चा प्यार। क्या वह ज़रूरी है?
सूझ-बूझ और संवेदनशीलता सतर्क करती है उसके बारे में चुप
रहने को
जीवन के ऊँचे क्षेत्रों के घोटाले की तरह।
उत्कृष्ट सन्तान होती है उसकी मदद के बिना।
निश्चय ही वह कभी भी धरती पर आबाद नहीं हो पाएगा,
क्योंकि वह अविश्वसनीय रूप से बिरले ही होता है।

जो लोग सच्चा प्यार नहीं जानते हैं
कहें कि सच्चा प्यार कहीं नहीं है।

इस विश्वास के साथ उनके लिए जीना ज़्यादा आसान होगा,
और मरना।

धन्यवाद-पत्र

मैं उनकी बहुत ऋणी हूँ
जिन्हें प्रेम नहीं करती।

राहत, जिसे मैं स्वीकार करती हूँ
कि वे किसी दूसरे के ज़्यादा नज़दीक हैं।

खुशी, कि मैं नहीं हूँ
उनकी भेड़ों का भेड़िया।

मेरी शान्ति उनके साथ,
मेरी स्वतन्त्रता उनके साथ,
और यह वह है जो प्रेम नहीं दे सकता
न ही ले सकता है।

मैं उनकी प्रतीक्षा नहीं करती
खिड़की से दरवाज़े तक।
धैर्यवान
लगभग धूपघड़ी की तरह,
मैं समझती हूँ
जो प्रेम नहीं समझ पाता,
मैं माफ़ करती हूँ
एक मुलाक़ात से एक चिट्ठी तक
अनन्त नहीं बीतता
परन्तु कुछ दिन या सप्ताह।

उनके साथ यात्राएँ हमेशा सफल होती हैं,

संगीतसभाएँ पूरी सुनी जाती हैं,
कैथेड्रल ठीक से देखे जाते हैं,
भूदृश्य साफ़-साफ़।

और जब हम अलग होते हैं
सात पहाड़ों और नदियों से,
ये पहाड़ और नदियाँ हैं
नक्शे पर जाने-बूझे।

यह उनकी उपलब्धि है
कि मैं तीन आयामों में रहती हूँ,
ग़ैर-गीतात्मक ग़ैर-वाग्विलासी क्षेत्र में,
एक क्षितिज के साथ जो सचल है और वास्तविक।

वे खुद नहीं जानते
अपने ख़ाली हाथों में वे कितना कुछ ले जा रहे हैं।

'मेरी उन पर कुछ भी देनदारी नहीं है'—
प्रेम ने कहा होता
इस खुले मसले के बारे में।

आतंकवादी, वह देखता है

एक बम फूटेगा बार में एक बजकर बीस मिनिट दोपहर में।
अभी सिर्फ़ एक बजकर सोलह मिनिट हुए हैं।
कुछ लोग फिर भी अन्दर जा पाएँगे।
कुछ बाहर रहेंगे।

आतंकवादी पहले ही सड़क पारकर दूसरी ओर जा चुका है।
यह दूरी उसे सारी बुराई से बचाती है
और दृश्य जैसे कि सिनेमा में :

पीली जैकिट में एक स्त्री, वह दाख़िल होती है।
काले चश्मे में एक पुरुष, वह बाहर आता है।
जीन्स पहने लड़के, वे बतियाते हैं।
एक बजकर सत्रह मिनिट और चार सैकेण्ड।
थोड़ा भाग्यवान है अपनी स्कूटर पर चढ़ता है,
लेकिन ऊँचे क़दवाला दाख़िल हुआ।

एक बजकर सत्रह मिनिट और चालीस सैकेण्ड।
एक लड़की, वह जा रही है अपने बालों में हरे रिबन के साथ।
लेकिन सिर्फ़ बस उसे ढाँक लेती है।
एक बजकर अठारह मिनिट।
लड़की अब वहाँ नहीं है।
वह क्या इतनी बेवकूफ़ थी कि अन्दर आयी या नहीं,
पता चलेगा जब वे बाहर ले जा रहे होंगे।

एक बजकर उन्नीस मिनिट।
जैसे भी हो कोई अन्दर नहीं जाता।

एक और बाहर आता है, मोटा और गंजा।
लेकिन वह लगता है कि ज़ेब में कुछ खोज रहा है और
एक बजकर बीस मिनिट पर बिना इस सैकेण्ड के
वह वापस जाता है दयनीय दस्तानों के लिए।

एक बजकर बीस मिनिट हुए हैं।
समय, वह कितना घिसटता है।
शायद पहले से भी अब।
नहीं, अभी नहीं।
हाँ, अब।
एक बम, वह फूटता है।

एक स्त्री का चित्र

चुनाव का अवसर होना चाहिए।
उसे बदलना चाहिए लेकिन इस तरह कि कुछ भी न बदले।
वह आसान है, असम्भव, कठिन, आज़माने के योग्य।
आँखें उसकी हैं, ज़रूरी हो तो एक बार नीली, दूसरी बार भूरी,
काली, सुखी, अतर्कित रूप से आँसू-भरी।
उसके साथ सोती है किसी भी दूसरी की तरह, संसार में सिर्फ़
वही अनन्य।
वह उसे चार बच्चे जनेगी, कोई बच्चा नहीं, एक।
बुद्धू लेकिन सबसे अच्छी सलाह देगी।
कमज़ोर, लेकिन ढो पाएगी।
उसकी गर्दन पर कोई सिर नहीं है लेकिन वह उसे हासिल करेगी।
वह यास्पर्स पढ़ती है और स्त्रियों की पत्रिकाएँ।
वह नहीं जानती कि काहे के लिए है पेंच और वह एक पुल बनाएगी।
युवा, चिर युवा, वह अभी भी युवा है।
वह अपनी हथेली पर थामे है टूटे पंखवाली एक गौरैया,
उसका अपना रुपया सैर के लिए, दूर और लम्बी,
गोश्त के लिए गँड़ासा, फाहा और वोद्का का एक छोटा गिलास।
वह कहाँ भागकर जा रही है, वह थक नहीं गयी है।
नहीं, बिल्कुल नहीं, सिर्फ़ थोड़ा सा, बहुत, कोई बात नहीं।
या तो वह उसे प्यार करती है, या वह ज़िद्दी है।
अच्छे के लिए, नहीं अच्छे के लिए, और भगवान की दया के लिए।

अपने बारे में ख़राब राय की तारीफ़ में

बाज़ को अपने से कोई शिकायत नहीं
काले तेंदुए के लिए संकोच अजनबी है।
पीरान्या मछलियों को अपने किये के सही होने पर शक नहीं होता।
अमरीकी साँप अपने को स्वीकार करता है बिना गिले-शिकवे के।

आत्मालोचक गीदड़ होता ही नहीं है।
टिड्डीदल, घड़ियाल, ट्रिचिना और कुकुरमाछी
रहते हैं जैसे वे रहते हैं और वे उससे खुश रहते हैं।

शिकारी व्हेल के हृदय का वज़न एक सौ किलो होता है,
लेकिन दूसरे मामलों में वह बहुत हल्का होता है।

शुद्ध अन्तःकरण
जैसा पाशविक कुछ भी नहीं
तीसरे ग्रह पर सूर्य के।

मंच का डर

कवि और लेखक।
यह तरीक़ा है बात करने का।
तो कवि, लेखक नहीं, लेकिन कौन—

कवि, अगर कविता, लेखक, अगर गद्य—

गद्य में सब कुछ हो सकता है, कविता तक भी,
लेकिन कविता में सिर्फ़ कविता हो सकती है—

विज्ञापन के अनुरूप, जो उसे विज्ञप्त करता है,
'क' बड़े अक्षर में नयी आलंकारिकता से,
पंखदार वीणा के तारों में अंकित,
मुझे उड़ना चाहिए बजाय चलने के—

और बेहतर नहीं होता नंगे पाँव,
बजाय सस्ते जूतों में
खटखटाते, चरमराते
एक फ़रिश्ते के फूहड़ स्थानापन्न की तरह—

अगर यह पोशाक और लम्बी होती लिथड़ती हुई,
और कविताएँ एक हैण्डबैग से नहीं सीधे आस्तीन से,
एक छुट्टी के लिए, एक प्रदर्शन के लिए, बहुत दिनों में एक बार,
टुन टुन से टुन टुन तक
क ख, क ख, ख क—

और वहाँ चौकी और एक मेज़ पहले से ही घात लगाये है

कुछ-कुछ प्रेतात्मवादी, सोने-मढ़े पाँवोंवाली,
और मेज़ पर एक छोटा मोमबत्ती-स्टैण्ड सुलगता है—

इसमें से यह नतीजा निकलता है,
मुझे मोमबत्ती के बग़ल में होना होगा
उसकी रोशनी में वह पढ़ना जो मैंने सामान्य रोशनी में लिखा
टकटकटक एक टाइपराइटर पर—

पहले से परेशान न होना कि
वह कविता है
और किस क़िस्म की कविता है—

क्या ऐसे क़िस्म की जिसमें गद्य को ख़राबी माना जाता है—
या ऐसे क़िस्म की जिसका गद्य अनुमोदन करता है—

और इसमें फ़र्क क्या है,
साफ़ और दृश्य सिर्फ़ अधरोशनी में
एक उन्नाबी परदे की पृष्ठभूमि में
बैंजनी जाली के साथ?

मृत्यु के बारे में, बिना अतिशयोक्ति के

उसे चुटकुलों के बारे में जानकारी नहीं,
तारों के बारे में, पुलों के बारे में,
बुनने के बारे में, खान-खुदाई के बारे में, खेतों में काश्तकारी
के बारे में,
जहाज बनाने के बारे में, और केक सेंकने के बारे में।

कल के लिए योजनाओं के बारे में हमारी बातचीत में
अपना आख़िरी शब्द रखती है
जो विषय के उपयुक्त नहीं।

वह तो यह भी नहीं कर सकती
जिसका उसके व्यवसाय से सीधा सम्बन्ध है :
न एक कब्र खोद सकती है,
न एक ताबूत जोड़ सकती है,
न ही अपनी गन्दगी साफ़ कर सकती है।

मारने में व्यस्त,
वह उसे फूहड़पने से करती है,
बिना व्यवस्था या कौशल के।
मानो वह हममें से हरेक पर प्रशिक्षण पा रही हो।

जीत जीत है,
मगर कितनी विफलताएँ,
चूक गये प्रहार,
और शुरू से की गयी कोशिशें!

कभी-कभी उसके पास शक्ति नहीं होती

हवा में मक्खी भगाने की।
कुछ टिड्डों तक से
वह रेंगने की दौड़ हार जाती है।

ये सब गाँठें, फलियाँ,
शृंगिकाएँ, पंखड़े, श्वासनलियाँ,
मैथुनी पंख और जाड़ों के लोम
साबित करते हैं बचा हुआ काम
उसकी उबाऊ मेहनत का।

बुरी इच्छा काफ़ी नहीं है
और युद्धों और क्रान्तियों द्वारा की गयी हमारी मदद
अभी काफ़ी नहीं है।

अण्डों में हृदयों की धड़कन।
नवजात शिशुओं के अस्थिपंजर बड़े हो रहे हैं।
बीज पहुँचते हैं पहली दो पत्तियों तक,
और अक्सर ऊँचे वृक्ष तक क्षितिज पर।

जो कहता है कि वह सर्वशक्तिमान है,
खुद जीवित प्रमाण है,
कि सर्वशक्तिमान वह नहीं है।

ऐसा कोई जीवन नहीं है,
जो एक पल भर के लिए सही
अनश्वर नहीं है।

मृत्यु
हमेशा आती है उस पल से विलम्बित।

व्यर्थ ही वह हत्था खींचती है
अदृश्य दरवाज़े का।
कितना भी कोई पूरा कर ले
उससे इतना वह वापस नहीं ले सकती।

हिटलर का पहला फ़ोटोग्राफ़

और कौन है यह नन्हा सा बच्चा, अपनी नन्ही पोशाक में?
वह नन्हा एडोल्फ़ है, श्री और श्रीमती हिटलर का बेटा है!
हो सकता है बड़ा होकर वह क़ानून का डॉक्टर बने?
या शायद विएना ओपेरा हाउस में गायक?
यह किसका नन्हा हाथ है, किसका, एक नन्हा कान,
एक नन्ही आँख, एक नन्ही नाक?
किसका छोटा सा पेट दूध से भरा, अभी तक पता नहीं :
मुद्रक का, डॉक्टर का, व्यापारी का, पादरी का?
कहाँ भटककर जाएँगे वे विचित्र लगते नन्हे पाँव, कहाँ?
बगीचे को, स्कूल को, दफ्तर को, शादी को
शायद नगरनिगम के मेयर की बेटी से?

लाड़ला, नन्हा सा फ़रिश्ता, रोटी की कत्थई परत,
धूप की नन्ही किरण,
एक बरस पहले जब वह पैदा हो रहा था,
काफ़ी सारे संकेत थे धरती पर और आकाश में :
वसन्त का सूरज, खिड़कियों पर जिरेनियम फूल,
आँगन में दस्तीबाज़े का संगीत,
गुलाबी काग़ज़ में लिपटा हुआ सगुन,
प्रसवपीड़ा के ठीक पहले माँ का भविष्यदर्शी सपना :
सपने में कबूतर देखना—खुशख़बरी है,
उसको पकड़ना—बहुप्रतीक्षित अतिथि का आना।
धड़कन, कौन है, नन्हे एडोल्फ़ दिल धड़क रहा है।

एक नन्हा निपिल, डायपर, बिब, झुनझुना,
बिचारा नन्हा लड़का, खुदा का शुक्र करो, लकड़ी छुओ, स्वस्थ है,

अपने माता-पिता पर गया है, टोकरी में बिलौटे सा,
हर पारिवारिक अलबम के बच्चों जैसा।
अहा, हम इस वक़्त रोने नहीं जा रहे हैं, नहीं न,
काले कपड़े के नीचे, फोटोग्राफ़र क्लिक करेगा।

क्लिंगर एतिलिए, गैबेन मार्ग, ब्राउनाउ,
ब्राउनाउ छोटा सा शहर, लेकिन भद्र शहर,
टिकाऊ व्यापार, नेकदिल पड़ोसी,
खमीर में गुँधे आटे की गन्ध और कपड़े धोने के साबुन की।

कुत्तों का भौंकना या भाग्य की पदचाप नहीं सुनी जा रही।
इतिहास का अध्यापक अपनी कालर ढीली करता है।
और वह नोटबुकों पर जम्हुआता है।

शताब्दी का अवतरण

उसे उन सबसे बेहतर होना था जो बीत गयीं हमारी बीसवीं शताब्दी।
अब वह यह साबित नहीं कर पाएगी,
उसके बरस ख़त्म होने को हैं,
उसके क़दम लड़खड़ा रहे हैं,
साँस फूल रही है।

बहुत सारा पहले ही हो चुका,
जो नहीं होना था उसमें से भी,
और जो होना था,
नहीं हुआ।

चीज़ों को जाना था वसन्त की ओर
और सुख की तरफ़, दूसरी चीज़ों के अलावा।

डर को पर्वतों और घाटियों को छोड़ देना था।
सच को झूठ से तेज़तर
मंज़िल तक पहुँचना था।

कुछ दुर्भाग्यों को
अब और नहीं होना था,
उदाहरण के लिए, युद्ध
और भूख इत्यादि।
आदर होना था
असहायों की असहायता का,
भरोसे का और इस तरह की बातों का।

जो दुनिया का सुख लूटना चाहता था,
उसका काम
कभी पूरा नहीं होने वाला।

बेवक़ूफ़ी अजब नहीं है।
बुद्धिमत्ता ज़िन्दादिल नहीं है।

उम्मीद
जब जवान लड़की नहीं रह गयी है
इत्यादि, दुर्भाग्य से।

ईश्वर को आख़िरकार यक़ीन करना था ऐसे मनुष्य में
भला और सशक्त,
लेकिन भले और सशक्त
अभी भी दो लोग हैं।

कैसा रहा जाए–किसी ने मुझसे एक चिट्ठी में पूछा
उसने जिससे मैं खुद पूछना चाह रही थी
इसी बारे में।

फिर वही, हमेशा की तरह,
जो ऊपर देखा जा सकता है,
कोई महत्त्वपूर्ण प्रश्न नहीं हैं
अबोध प्रश्नों के मुक़ाबले।

जीवनवृत्त लिखना

क्या करना है?
ज़रूरी है लिखना एक दरख़्वास्त,
दरख़्वास्त के साथ नत्थी करना है एक जीवनवृत्त।

कोई कितने भी अरसे से ज़िन्दा हो
जीवनवृत्त छोटा होना चाहिए।

संक्षेप और तथ्यों का चुनाव अनिवार्य है।
भूदृश्यों को पत्तों में बदलना
और अस्थिर यादों को स्थिर तारीख़ों में।

सारे प्रेमों में से वैवाहिक प्रेम पर्याप्त होगा,
बच्चों में से वही जो पैदा हुए।

ज़्यादा महत्त्वपूर्ण आपको कौन जानता है बजाय आप किसको
जानते हैं।
यात्राएँ सिर्फ़ विदेशी।
सदस्य होना बिना क्यों पूछे।
पदक बिना बताये कारण।

इस तरह से लिखो मानो कि आपने कभी अपने से बात
न की हो,
और दूर से बरता हो।

चुप रहो कुत्तों बिल्लियों पक्षियों के बारे में,
खचिया भर स्मृतियाँ, मित्र और सपने।

क़ीमत बजाय मूल्य के
और उपाधि बजाय विषय-वस्तु के।
अन्ततः शायद जूते का आकार बजाय वह कहाँ जाता है
वह जो आप माने जा रहे हैं।

इस सबके साथ एक फ़ोटो जिसमें एक कान अनढँका हो।
उसका आकार महत्त्वपूर्ण है उसका सुन सकना नहीं।
कोई क्या सुन सकता है?
मशीनों में घमाका जो काग़ज़ पीसती हैं।

अन्त्येष्टि

'इतना अचानक, कौन सोच सकता था'
'परेशानी और सिगरेटें, मैंने उसे आगाह किया था'
'ठीक, ठीक, धन्यवाद'
'इन फूलों को खोल दो'
'भाई भी दिल की वजह से गया, यह परिवार का चलन है'
'इस दाढ़ी में, महाशय, मैं आपको कभी पहचान नहीं पाता'
'यह उसी का कुसूर है, वह हमेशा कुछ-न-कुछ में फँस जाता था'
'नये को बोलना था लेकिन मैं उसे नहीं देख रहा हूँ'
'काज़ेक वर्षावा में, तादेक विदेश में'
'तुम्हीं समझदार निकलीं क्योंकि तुम छाता लायीं'
'सो इससे क्या कि वह उन सबमें सबसे प्रतिभाशाली था'
'यह जुड़ा हुआ कमरा है, बाश्का राज़ी नहीं होगी'
'हाँ, वह सही था लेकिन फिर भी यह कारण नहीं'
'दरवाज़ों की पुताई मिलाकर, सोचो, कितना लगा'
'दो अण्डों की ज़र्दी, चम्मच-भर चीनी'
'यह उसका मसला नहीं, वह उसमें क्यों फँसा'
'सिर्फ़ नीले, और छोटी साइज़ के'
'पाँच बार, कभी कोई उत्तर नहीं'
'चलो यही रहने दो, मैं कर सकता था, तुम भी कर सकते थे'
'चलो हुआ कि कम से कम उसके पास आराम की नौकरी थी'
'मुझे पता नहीं, शायद रिश्तेदार'
'पादरी बिलकुल बैलमान्दो जैसा'
'मैं क़ब्रिस्तान के इस हिस्से में अब तक नहीं आया था'
'मैंने उसके बारे में हफ़्ते भर पहले सपना देखा था,
मुझे कुछ लगा था'
'यह बेटी, बुरी नहीं'

‘यह हम सबकी प्रतीक्षा कर रहा है’
‘विधवा को मेरी ओर से देना, मुझे समय पर जाना है’
‘लेकिन लैटिन में वह ज़्यादा गम्भीर लगा’
‘यहाँ, गया’
‘अलविदा, मदाम’
‘और थोड़ी बीयर के लिए चलें’
‘फ़ोन करना, हम बात करेंगे’
‘ट्राम नंबर 4 या ट्राम नंबर 12 से’
‘मैं, इस रास्ते’
‘हम, वहाँ’

सम्भावनाएँ

अधिक पसन्द करती हूँ सिनेमा।
अधिक पसन्द करती हूँ बिल्लियाँ।
अधिक पसन्द करती हूँ ओकवृक्ष वार्ता नदी के किनारे।
अधिक पसन्द करती हूँ डिकेन्स दोस्तोवेस्की से।
अधिक पसन्द करती हूँ अपने को लोगों को पसन्द करते हुए
बजाय अपने को सारी मानवता से प्यार करते हुए।
अधिक पसन्द करती हूँ सुई धागे के साथ तैयार रहना।
अधिक पसन्द करती हूँ हरा रंग।
अधिक पसन्द करती हूँ यह न कहना
कि दिमाग़ हर चीज़ के लिए दोषी है।
अधिक पसन्द करती हूँ अपवाद।
अधिक पसन्द करती हूँ जल्दी जाना।
अधिक पसन्द करती हूँ डाक्टरों से किसी और विषय पर बात करना।
अधिक पसन्द करती हूँ पुराने अलंकरण धारियों के साथ।
अधिक पसन्द करती हूँ कविताएँ लिखने का हास्यास्पद पहलू
बजाय कविताएँ न लिखने का हास्यास्पद पहलू।
अधिक पसन्द करती हूँ प्रेम में विषम जयन्ती
हर दिन मनायी जाने के लिए।
अधिक पसन्द करती हूँ नीतिवान
जो मुझसे कोई वायदा नहीं करते।
अधिक पसन्द करती हूँ कमीनी अच्छाई बजाय अतिविश्वसनीय
अच्छाई के।
अधिक पसन्द करती हूँ धरती नागरिक पोशाक में।
अधिक पसन्द करती हूँ पराजित देश विजयी देशों के मुक़ाबले।
अधिक पसन्द करती हूँ आपत्तियाँ उठाना।

अधिक पसन्द करती हूँ दुर्व्यवस्था के नरक को बजाय व्यवस्था के
नरक के।

अधिक पसन्द करती हूँ ग्रीम की स्वप्नकथाएँ अख़बारों के पहले
पन्नों के बजाय।

अधिक पसन्द करती हूँ फूलों के बिना पत्तियाँ बजाय पत्तियों
के बिना फूल।

अधिक पसन्द करती हूँ कुत्तों को बिना कटी पूँछवाले।
अधिक पसन्द करती हूँ हलकी आँखें क्योंकि मेरी आँखें गहरी हैं।
अधिक पसन्द करती हूँ दराज़ें।
अधिक पसन्द करती हूँ कई चीज़ें जो यहाँ सूचीबद्ध नहीं हैं
बजाय कई चीज़ें जो भी यहाँ सूचीबद्ध नहीं हैं।
अधिक पसन्द करती हूँ शून्यों को जो बिखरे हैं
बजाय उनके जो संख्या की कतार में लगे हैं।
अधिक पसन्द करती हूँ कीड़ों का समय बजाय तारों के समय के।
अधिक पसन्द करती हूँ काठ को छूना।
अधिक पसन्द करती हूँ यह न पूछना कि कितनी देर और कब।
अधिक पसन्द करती हूँ इस सम्भावना पर विचार करना
कि वर्तमान का अपना अधिकार है।

चमत्कार-मेला

चमत्कार सामान्य :
याने कई सामान्य चमत्कार होते रहते हैं।

साधारण चमत्कार :
रात के मौन में भौंकना
अदृश्य कुत्तों का।

चमत्कार कई में से एक :
एक पतला नन्हा बादल
भारी चन्द्रमा को ढाँक सकता है।

चमत्कार कई एक ही में :
एल्डर वृक्ष जल में प्रतिबिम्बित
और यह कि बायीं से दायीं ओर टेढ़े-मेढ़े बहता
और यह कि वह बढ़ता है नीचे जाते हुए
और तह तक कतई नहीं पहुँचता
हालाँकि पानी उथला है।

चमत्कार हर दिन का :
हवाएँ, हलकी और मन्द,
तूफ़ान के दौरान तेज़।
चमत्कार विचित्र :
गायें गायें हैं।

एक और, बदतर नहीं :
यह और कोई फलवाटिका नहीं

जो इससे, दूसरे किसी बीज से नहीं पनपा।

चमत्कार बिना काले टेलकोट और ऊँचे टोप के :
उड़ते हुए सफ़ेद कबूतर।

चमत्कार उसे और कुछ कैसे कहा जाए :
सूरज उगा आज तीन बजकर चौदह मिनिट पर
और अस्त आठ बजकर एक मिनिट पर।

चमत्कार जो चकित नहीं करता जैसा कि उसे करना चाहिए :
एक हाथ में उँगलियाँ छह से कम हैं,
पर साथ ही चार से अधिक।

चमत्कार आसपास का :
सर्वव्यापी दुनिया।

चमत्कार अतिरिक्त जैसे हर चीज़ अतिरिक्त है :
जिसकी कल्पना नहीं करना है
उसकी कल्पना करना।

आकाश

उसे इस तरह शुरू होना था : आकाश।
एक खिड़की बिना किनारे, बिना फ्रेम के, बिना शीशे के।
एक विवर और उसके अलावा कुछ नहीं,
लेकिन चौड़ा खुला हुआ।

मुझे एक निरभ्र रात की प्रतीक्षा नहीं करना है,
न अपना सिर ऊपर उठाना है,
आकाश की ओर देखने के लिए।
आकाश जो मेरे पीठ पीछे है मेरे हाथ की पहुँच में और मेरी
पलकों पर।
आकाश मेरे चारों ओर कसकर लिपटा हुआ
और मुझे नीचे से ऊपर उठाता है।

सबसे ऊँचा पर्वत भी
आकाश के नज़दीकतर नहीं है
गहरी घाटी की तुलना में।
किसी भी जगह वह अधिक नहीं है।
बजाय दूसरी जगह के।
एक बादल उतनी ही निर्दयता से
आकाश से दबता है जितना कि कब्र।
एक छछूँदर उतना ही आनन्दित होता है
जितना एक पंख हिलाता एक उल्लू।
चीज़ जो खाई में गिरती है
आकाश से आकाश में गिरती है।

बन्धनहीन, तरल, पथरीला,

प्रज्वलित और ज्वलनशील
आकाश के प्रदेश, आकाश के टुकड़े,
आकाश के ढोंके और ढेर।
आकाश सर्वव्यापी है
त्वचा के नीचे के अँधेरे में भी।

मैं आकाश खाती हूँ, मैं आकाश उत्सर्जित करती हूँ।
मैं एक फन्दे के अन्दर फन्दा हूँ,
मैं आबाद निवासी हूँ,
मैं एक आलिंगित आलिंगन हूँ,
एक प्रश्न उत्तर में एक प्रश्न के।

एक पृथ्वी और एक आकाश में बँटवारा
यह ठीक तरीका नहीं है
इस अस्तित्व के बारे में सोचने का।
वह सिर्फ़ छूट देता है रहने की
एक अधिक विस्तृत पते पर,
जल्दी पा सकनेवाला,
अगर मुझे खोजा जाए।
मेरा पहचान-चिह्न
अचरज और नाउम्मीदी हैं।

कोई शीर्षक नहीं

ऐसा हुआ है कि मैं एक वृक्ष के नीचे बैठी हूँ,
एक नदी के किनारे,
एक उजले धूपवाले दिन।
यह एक तुच्छ सी घटना है
यह इतिहास में दर्ज़ नहीं होगी।
यह न तो लड़ाइयाँ हैं, न सन्धियाँ,
जिनके कारणों पर शोध की जा रही हो,
न ही आततायियों की हत्याएँ करने योग्य।

लेकिन फिर भी मैं नदी किनारे बैठी हूँ, यह एक तथ्य है।
और चूँकि मैं यहाँ हूँ,
मुझे कहीं से आना पड़ा,
और इसके पहले
कई जगहों पर मुझे अपने को हुआ पाना था,
ठीक उसी तरह जिस तरह देशों के विजेता
इससे पहले कि वे जहाज में दाख़िल हुए।

यहाँ तक कि एक भंगुर क्षण के भी विशद अतीत होता है,
उसका अपना शुक्रवार शनिवार के पहले,
उसकी अपनी मई जून के पहले।
होता है अपना क्षितिज समान रूप से सच
जैसे कि फ़ौज़ी कप्तान के दूरबीन में।

यह वृक्ष एक लोकप्रिय वृक्ष है कई बरसों पहले से जड़ें जमाए हुए।
नदी है राबा जो आज से नहीं बह रही है।
पगडण्डी परसों से पहले से नहीं

पदाघातों से बनी, झाड़ियों में।
हवा को, वह बादलों को उड़ा सके
उन्हें पहले यहाँ उड़ाकर लाना था।

और यों तो पड़ोस में कुछ महान नहीं घट रहा है,
दुनिया में, उस वजह से, ब्योरों की कमी नहीं है,
वह कम उचित नहीं है, उसका बखान बदतर नहीं है,
जितना कि वह थी जब तक कि उसे प्रवासी लोगों ने बाँट
नहीं दिया।

न सिर्फ़ गोपनीय षड्यन्त्र चुप्पी के साथ होते हैं।
न सिर्फ़ राज्याभिषेक कारणों के जुलूस के।
चक्राकार सिर्फ़ विप्लव की जयन्तियाँ भर नहीं होतीं
बल्कि तट पर छोटे पत्थर भी जिनकी परिक्रमा की जाती है।

घटनाओं की कसीदाकारी जटिल और गहन होती है।
घास में एक चींटी का टाँका।
घास धरती में उगाई हुई।
एक लहर का प्रतिरूप जिसे एक लकड़ी से भेदा जाता है।

ऐसा हुआ है कि मैं हूँ और दीखती हूँ।
मेरे ऊपर एक सफ़ेद तितली फड़फड़ाती है हवा में
उन पंखों से जो उसी के हैं।
और एक परछाईं उड़ती है मेरे हाथ पर से
जो कुछ और नहीं, किसी और की नहीं, खुद अपनी है।

ऐसे दृश्य में हमेशा निश्चय मुझे छोड़ जाता है,
कि यह जो महत्त्वपूर्ण है
अधिक महत्त्वपूर्ण है बजाय महत्त्वहीन के।

कुछ पसन्द करते हैं कविता

कुछ—
जिसका अर्थ सब नहीं।
सबके अधिकांश भी नहीं, बल्कि कुछ ही।
स्कूलों के हिसाब में न लेते हुए, जहाँ अनिवार्य है
और खुद कवियों को,
संख्या उन कुछ की बैठेगी प्रति हज़ार पर दो।

पसन्द करते हैं—
लेकिन फिर आप पसन्द कर सकते हैं चिकेन नूडल सूप,
पसन्द कर सकते हैं प्रशंसा या नीला रंग,
पसन्द कर सकते हैं पुराना स्कार्फ़,
पसन्द कर सकते हैं खुद अपना तरीका,
पसन्द कर सकते हैं कुत्ते को सहलाना।

कविता—
लेकिन कविता है क्या।
एक कमज़ोर उत्तर भर ललचाया
इस प्रश्न से।
लेकिन मैं नहीं जानती और नहीं जानती और मैं इसे पकड़े हूँ
मुक्तिदायी जीने की रेलिंग की तरह।

अन्त और आरम्भ

हर युद्ध के बाद
किसी को साफ़ करना होता है
जैसी-तैसी व्यवस्था
ज़ाहिर है अपने आप नहीं हो जाएगी।

किसी को मलबा खिसकाना होता है
सड़कों के किनारे,
पहुँचने के लिए
गाड़ी-भर लाशों तक।

किसी को धँसना होता है
कीचड़ और राख में,
सोफों के स्प्रिंगों में,
काँच के टुकड़े
और खून-रँगे कपड़े।

किसी को लक्कड़ खींचकर लाना होता है
दीवार को सहारा देने के लिए,
किसी को खिड़की में नया काँच लगाना होता है
और क़ब्ज़ों पर दरवाज़ा लगाना।

वह फ़ोटोजेनिक नहीं है
और कई बरस लेता है।
सारे कैमरे पहले ही जा चुके
एक दूसरे युद्ध में।

पुलों की फिर ज़रूरत है,
रेलवे-स्टेशन नये सिरे से।
आस्तीन चिथड़ा होगी
ऊपर चढ़ाने से।

किसी को अपने हाथों में एक कूची के साथ
अभी भी याद है कि कैसा था।
कोई सुनता है
अनकटे सिर से हामी भरता हुआ।
लेकिन पहले ही पड़ोस में
कुछ लोग घूमना शुरू कर देंगे
जिनके लिए यह सब उबाऊ होगा।

कभी कोई तिस पर भी
झाड़ी के नीचे से खोद निकालेगा
तर्क जिन्हें ज़ंग कुतर चुकी होगी
और उन्हें ले जाएगा बचे हुए के ढेर तक।

उन्हें जो जानते थे
यह सब काहे के बारे में था
जगह देना पड़ी उनको
जो थोड़ा जानते थे।
और कम थोड़े से भी।
और अन्ततः लगभग कुछ भी नहीं।
घास में, जो ऊपर उग आयी,
कारण और प्रभाव
किसी को लेटना होगा
अपने दाँतों में बाली पकड़े और
बादलों को निहारते हुए।

ख़ाली मकान में बिल्ली

मरना—तुम एक बिल्ली के साथ ऐसा नहीं कर सकते।
एक बिल्ली का भला क्या करना है
एक ख़ाली फ़्लैट में।
दीवारों पर चढ़ना।
फ़र्नीचर से रगड़ना।
लगता है यहाँ कुछ नहीं बदला,
फिर भी चीज़ों की जगहें बदल गयी हैं।
लगता है कुछ भी हटाया नहीं गया
फिर भी चीज़ें अलग हो गयी हैं।
और शाम को लैंप अब जलाया नहीं जाता।

सीढ़ियों पर पदचाप सुनाई देती है,
पर ये वे नहीं हैं।
वह हाथ जो छोटी तश्तरी पर मछली रखता था
यह वह नहीं है जो रखता था।

कुछ यहाँ शुरू नहीं होता
सामान्य समय पर।
कुछ यहाँ नहीं होता
जैसा कि उसे होना चाहिए।
कोई यहाँ था और था,
और उसके बाद आखिकार ग़ायब हो गया
और स्थायी तौर पर यहाँ नहीं है।

सारे वाड्रोवों में देख लिया है।
सारे शेल्फ़ भी खोज लिये गये हैं।

कालीन के नीचे जाकर भी जाँच लिया है।
एक नियम तक को तोड़ दिया है
और काग़ज़ बिखरा दिये हैं।
और करने को क्या है।
सोना और प्रतीक्षा करना।

सिर्फ़ उसे वापस आने दो,
उसे प्रगट होने दो।
तब उसे बताया जाएगा
कि यह तरीक़ा नहीं है बिल्ली से बर्ताव का।
उसकी ओर जाना होगा
जैसे जाना नहीं चाहिए,
बहुत धीमे,
विक्षुब्ध क़दमों से।
और न कूदना, न किकियाना शुरू में।

पहली दृष्टि में प्रेम

वे दोनों आश्वस्त हैं
कि वे दोनों जुड़ गये हैं किसी आकस्मिक आवेग से।
सुन्दर है इस तरह का निश्चय
लेकिन अनिश्चय और भी सुन्दर है।

उन्हें यक़ीन है कि चूँकि वे एक-दूसरे को पहले नहीं जानते थे
उनके बीच कुछ भी कभी नहीं हो रहा था।
लेकिन गलियाँ सीढ़ियाँ और बरामदे क्या कहेंगे
जिन पर वे एक-दूसरे के बग़ल से निकल रहे होंगे काफ़ी अरसे तक?

मैं उनसे पूछना चाहूँगी
अगर उन्हें याद न हो—
शायद परिक्रामी दरवाज़े में
एक दिन आमने सामने?
शायद कुछ 'माफ़ कीजिएगा' एक भीड़ में?
आवाज़ 'ग़लत नम्बर' रिसीवर में?
—लेकिन उनके उत्तर मुझे पता हैं।
नहीं, उन्हें याद नहीं है।

वे बहुत चकित होंगे
काफ़ी अरसे से
एक अवसर इनके इर्द-गिर्द खेल रहा था।
अभी पूरी तरह तैयार नहीं
उनके लिए नियति में बदलने को,
वह उन्हें नज़दीक ले आया और दूर खींच ले गया,

उसने उनका रास्ता कँटीला कर दिया
और अपनी खीस थामकर
वह रास्ते के दूसरे ओर हट गया।

चिह्न थे, संकेत थे
इससे क्या कि वे अपठनीय थे।
शायद तीन बरस पहले
या शायद पिछले मंगलवार
कोई नन्ही पत्ती उड़ी
एक कन्धे से एक कन्धे तक?
कुछ खो गया था और उठा लिया गया।
कौन जानता है अगर पहले ही एक गेंद नहीं
बचपन की झाड़ियों में?

हत्थे थे, घण्टियाँ
जिन पर समय से पहले
एक स्पर्श अपने को स्पर्श पर रखता था।
सूटकेस एक-दूसरे के नज़दीक चैकरूम में।
एक ऐसी रात रही होगी बिलकुल एक जैसा सपना
धुँधला गया जागते ही।

चूँकि हर शुरुआत
सिर्फ़ उत्तरकथा है,
और घटनाओं की पुस्तक
हमेशा बीच में खुल रहती है।

16 मई 1973

इन दिनों में से कई में से एक
जिनका मेरे लिए अब कोई मतलब नहीं।

उस दिन मैं कहाँ गयी थी,
मैंने क्या किया था—मैं नहीं जानती।

अगर पास में कोई अपराध हुआ
—मेरे पास कोई बहाना नहीं होगा।

सूरज कौंधा और चला गया
बिना मेरे ध्यान दिये।
पृथ्वी घूम गयी
बिना डायरी में टिप्पणी के।

मेरे लिए आसान होगा सोचना
कि मैं थोड़ी देर के लिए मर गयी,
बजाय इसके कि मुझे कुछ याद नहीं,
हालाँकि मैं सारा समय जीवित रही बिना रुके।

ज़ाहिर है मैं एक भूत नहीं थी,
मैंने साँस ली, मैंने खाया,
मैंने क़दम भरे
जो सुने गये,
और मेरी उँगलियों के निशान
हत्थों पर छूट गये होंगे।

मैं आईने में प्रतिबिम्बित थी।
मैं किसी रंग का कुछ पहने थी।
निश्चय ही कुछ लोगों ने मुझे देखा।

शायद इस दिन
मैंने एक चीज़ पायी जो पहले गुम हो गयी थी।
शायद मैंने खो दिया जो बाद में मिल गया।

मैं भर गयी भावनाओं और प्रभावों से।
अब यह सब
कोष्ठक में बिन्दुओं की तरह है।

मैंने अपने को कहाँ छिपाया,
मैंने अपने को कहाँ दफ़्न किया—
कुल मिलाकर यह इतना बुरा करतब नहीं है
अपनी ही नज़र से इस तरह निकल पाना।

मैं याददाश्त को झिंझोड़ती हूँ—
शायद उसकी शाखाओं में कुछ
जो बरसों से सोया हुआ है
उड़ जाएगा फड़फड़ाहट से।

नहीं
ज़ाहिर है मैं ज़्यादा माँग कर रही हूँ,
क्योंकि वह उतना है जितना एक सैकेण्ड।

दिया कुछ नहीं

दिया कुछ नहीं, सब कुछ उधार लिया हुआ।
मैं अपने कानों तक कर्जे में डूबी हुई हूँ।
मैं विवश होऊँगी अपने को
अदा करने के लिए अपने लिए,
ज़िन्दगी के लिए देने ज़िन्दगी।

इस तरह से चीज़ें तरतीब की गयी हैं,
कि ह्रदय को वापस किया जाना है
और जिगर को वापस किया जाना है
और हर उँगली अलग-अलग।

समझौते के मुद्दों को काटने के लिए बहुत देर चुकी है।
कर्जे मुझसे हटा लिए जाएँगे
चमड़ी के साथ-साथ।

मैं दुनिया में चलती हूँ
दूसरे कर्ज़दारों की भीड़ में।
क्ुछ पर अनिवार्यता है कि
वे पंख वापस भुगतान करें।
दूसरों पर, वे चाहें न चाहें,
अपनी पत्तियों का हिसाब दें।

देनदारी खाते में
हमारे अन्दर का हर रेशा।
कोई पक्ष्याभ, कोई पुष्पवृत्त नहीं
हमेशा रखने के लिए।

सूची विस्तृत है
और वह ऐसी दिखाई देती है
कि हमारे पास कुछ नहीं बचेगा।

मैं याद नहीं कर सकती
कहाँ कब और किस लिए
मैंने अपने लिए यह खाता
खोलने दिया।

उसके प्रति विरोध को
हम आत्मा कहते हैं।
और यह एकमात्र चीज़ है
जो कि सूची में नहीं है।

बादल

बादलों का बखान करने के लिए
मुझे तेज़ होना पड़ेगा—
एक पल के ज़रा से हिस्से के बाद
वे होना बन्द कर, अलग होना शुरू हो जाते हैं।

उनकी विशेषता है
अपने को कभी भी नहीं दुहराना
आकार में, रंगतों में, मुद्राओं में और व्यवस्था में।

यादों के बोझ से मुक्त
वे अधर में लटके रहते हैं तथ्यों पर कोशिश के बिना।

वह उन्हें किस तरह के गवाह बनाता है—
वे तत्काल हर दिशा में उड़ जाते हैं।

बादलों की तुलना में
जीवन धरातल पर जमा हुआ लगता है,
लगभग स्थायी करीब-करीब अनन्त।

बादलों पर विचार करते हुए
एक पत्थर तक भाई जैसा लगता है
जिस पर भरोसा किया जा सकता है
और वे दूर के छिछोरे रिश्तेदार।

लोग चाहते हैं होना सो हों,
और बाद में, क्रम से एक के बाद एक मरने दो,

उन्हें, बादलों को इस सबसे कुछ लेना-देना नहीं
हर चीज़
बहुत अजब।

तुम्हारे पूरे हो गये जीवन पर
और मेरे अभी तक पूरे नहीं पर
वे परेड की शान में चलते हैं, जैसे कि वे हमेशा करते रहे हैं।

उनकी कोई बाध्यता नहीं है हमारे साथ समाप्त होने की।
उनके उड़ सकने के लिए ज़रूरत नहीं है उन्हें देखे जाने की।

तीन सबसे अनोखे शब्द

मैं जब उच्चारती हूँ शब्द भविष्य,
पहला अक्षर पहले ही अतीत में चला जाता है।

मैं जब उच्चारती हूँ शब्द सन्नाटा,
मैं उसे नष्ट करती हूँ।

मैं जब उच्चारती हूँ शब्द कुछ नहीं,
मैं कुछ रचती हूँ जो किसी अनस्तित्व में नहीं बैठता।

एक छोटी लड़की मेज़पोश खींचती है

एक बरस से ज़्यादा हम इस दुनिया में हैं
और इस दुनिया में हर चीज़ आज़मायी नहीं गयी है
और क़ाबू में की गयी है।

प्रयोग की प्रक्रिया में ऐसी चीज़ें हैं
जो अपने आप चल नहीं सकतीं।

उस मामले में उन चीज़ों की मदद करना होता है,
उन्हें खिसकाना, उन्हें ठेलना,
एक जगह से ले जाना कहीं और।

उनमें से सब यह नहीं चाहतीं, उदाहरण के लिए, अलमारी,
कपबर्ड, अड़ियल दीवारें, मेज़।

लेकिन ज़िद्दी मेज़ पर का मेज़पोश
—अगर ठीक से छोरों से पकड़ा गया हो—
रुझान दिखाता है सैर के लिए।

और मेज़पोश पर गिलास, छोटी तश्तरियाँ,
दूध का एक छोटा जग, चम्मचें, एक कटोरी,
हिलते हैं चाहत से।

यह बहुत दिलचस्प है,
किस तरह की गति वे चुनेंगे,
जब वे आख़िरकार किनारे पर काँपेंगे :
छत पर भटकना?
लैम्प के इर्दगिर्द उड़ान?

खिड़की की कगार पर छलाँग, और वहाँ से पेड़ पर?

श्रीमान् न्यूटन को अभी तक इस सबसे मतलब नहीं।
उन्हें स्वर्ग से देखने और हाथ हिलाने दो।

यह प्रयोग होना है।
और होगा।

यादों से

हम बतिया रहे थे,
अचानक हम चुप हो गये।
छज्जे पर एक लड़की आयी,
आह, सुन्दर,
कुछ ज़्यादा ही सुन्दर
हमारे यहाँ शान्त प्रवास के लिए।

बाशा से आतंकित होकर अपने पति की ओर सरसरी निगाह डाली।
क्रिस्तीना ने बिना सोचे अपना हाथ
ज़्विषेक के हाथ पर रखा।
मैंने सोचा : मैं तुम्हें फ़ोन करूँगी,
फ़िलवक़्त के लिए—मैं कहूँगी—मत आओ,
उन्होंने अभी-अभी कई दिनों की बारिश की भविष्यवाणी की है।

सिर्फ़ अग्नयेष्का, एक विधवा, ने
मुस्कान के साथ उस सुन्दरी का स्वागत किया।

पहला प्यार

कहा जाता है
कि पहला प्यार सबसे महत्त्वपूर्ण है।
यह बहुत रूमानी
लेकिन मेरा प्रकरण नहीं है।

हमारे बीच कुछ था, कुछ नहीं,
होता हुआ और हुआ।

मेरे हाथ नहीं काँपते
जब मैं संयोग से छोटे उपहार पा लेती हूँ
और चिट्ठियों का एक पुलिन्दा धागे से बँधा हुआ
—कम से कम फ़ीते से तो बँधा हो सकता था।

हमारी बरसों बाद एकमात्र मुलाक़ात
वह बातचीत है दो कुर्सियों की
एक ठण्डी मेज़ के पास।

दूसरे प्यार
अब तक मेरे भीतर गहरे साँस ले रहे हैं।
इसके पास आह भरने की साँस तक नहीं।

लेकिन फिर भी वैसे ही जैसे कि वह है,
वह हासिल कर सकता है जो दूसरे अभी तक नहीं :
विस्मृत,
न ही स्वप्नवत देख गया,
वह मुझे मृत्यु से घनिष्ठ करता है।

ग्यारह सितम्बर का एक फ़ोटोग्राफ़

वे जलती हुई मंज़िलों से नीचे रुके—
एक, दो, कुछ थोड़े से
ऊँचे, नीचे।

फ़ोटोग्राफ़ ने उन्हें जीवित रखा,
और अब उन्हें संरक्षित करता है,
धरती के ऊपर, धरती की ओर।

हर कोई अब भी एक हस्ती है
निजी चेहरे
और अच्छी तरह छिपे खून के साथ।

काफ़ी समय है,
बालों को हवा में उड़ने के लिए,
और ज़ेब से गिरीं
चाबियाँ और छोटी रेज़गारी।

वे अभी भी हवा के दायरे में हैं,
पड़ोस में उन जगहों के
जो अभी-अभी खुली हैं।

मैं सिर्फ़ दो चीज़ें कर सकती हूँ उनके लिए—
उड़ान का बखान रहना
और आख़िरी पंक्ति न जोड़ना।

एक सूची

मैंने प्रश्नों की एक सूची तैयार की,
जिसके लिए उत्तर पाने में जीवित नहीं रहूँगी
क्योंकि या तो उनके लिए बहुत जल्दी है
या मैं उन्हें समझ नहीं पाऊँगी।

प्रश्नों की सूची लम्बी है,
उसमें मुद्दे शामिल हैं, महत्त्वपूर्ण और कम महत्त्वपूर्ण,
और चूँकि मैं आपको उबाना नहीं चाहती
मैं उनमें से कुछ को ही खोलूँगी :

वास्तविक क्या था
और क्या सिर्फ़ वैसा लगा था
इस मंच पर
तारकीय और तारों के नीचे
जहाँ प्रवेश-टिकट के अलावा
निकास-टिकट भी अनिवार्य है;

सारी सजीव दुनिया के बारे में क्या
जिसकी मैं तुलना नहीं कर सकती
किसी और सजीव दुनिया से;
क्या लिखा जाएगा परसों
अख़बारों में;

युद्ध कब बन्द होंगे
और उनकी जगह क्या आ जाएगा;

अब किसी उँगली पर
प्रेम में दी गयी अँगूठी
मुझसे चुरायी गयी—खो गयी;

मुक्त इच्छा के लिए जगह कहाँ है,
जो हो सकती है, नहीं हो सकती है
एक साथ;

उन दर्जनों लोगों का क्या हुआ—
क्या हम सचमुच एक-दूसरे को जानते थे;

म. ने मुझसे क्या कहने की कोशिश की
जब वह बोल नहीं सकती थी;

कितनी बुरी चीज़ों को
मैंने अच्छी चीज़ें समझा
और मेरे लिए क्या ज़रूरी है
कि मैं फिर ग़लतफ़हमी मैं न पड़ूँ?

कुछ प्रश्न
मैंने नोट किये ऊँघने के मिनिट भर पहले।
जागने पर मैं
उनके बारे में तय नहीं कर पायी।

कई बार मुझे शक होता है
कि यह सही संहिता है।
लेकिन यह भी एक प्रश्न है,
जो किसी समय मुझे तज देगा।

सबकुछ

सबकुछ –
शब्द उद्धत और घमण्ड से फूला हुआ।
उसे उद्धरण चिह्नों में लिखा जाना चाहिए।
वह दावा करता है कि कुछ भी नहीं छोड़ता,
कि वह इकट्ठा करता, पूरा पड़ता, शामिल करता और कब्ज़ा करता है।
जबकि वह सिर्फ़
बौछार की एक चिन्दी भर है।

जन्म : 2 जुलाई 1923, ब्नीन में जो 1961 में कूर्नीक शहर का हिस्सा हो गया। 1931 से षिम्बोर्स्का क्राकूव में रह रही हैं।

पहली कविता में 'शब्द खोज रही हूँ' शीर्षक से 1945 में प्रकाशित हुई। 1953 से 1981 तक उन्होंने 'साहित्यिक जीवन' नामक एक पत्रिका के सम्पादकमण्डल में काम किया। इस साप्ताहिक में, जो क्राकूव से निकलता था, वे कविता खण्ड का काम देखने के अलावा, 1968 से, अपना एक स्वतन्त्र स्तम्भ लिखती थीं जो अनावश्यक पठन के नाम से चलता था। 1973 में इस स्तम्भ में कुछ निबन्धों का एक संचयन पुस्तकाकार प्रकाशित हुआ। स्तम्भ के नाम से ही इस तरह के पाँच संचयन निकले हैं।

षिम्बोर्स्का के दस कविता संग्रह और नौ संचयन प्रकाशित हुए हैं। कविता संग्रह इस प्रकार हैं :

1. हम क्यों जीते हैं, 1952
2. खुद से पूछे गये सवाल, 1954
3. येती को पुकारना, 1957
4. नमक, 1962
5. सैकड़ों सुख, 1967
6. जो भी हो, 1972
7. बड़ी संख्या, 1976
8. पुल पर लोग, 1986
9. अन्त और आरम्भ, 1993
10. पल, 2002

संचयन इस प्रकार हैं :

1. चुनी हुई कविताएँ, 1967
2. चुनी हुई कविताएँ, 1967
3. चुनी हुई कविताएँ, 1970
4. कविताओं का एक चयन, 1973
5. तर्स्यूष और अन्य कविताएँ, 1976
6. चुनी हुई कविताएँ–2, 1983
7. रेत के एक कण के साथ दृश्य : 102 कविताएँ, 1996
8. चुनी हुई कविताएँ, 2000
9. चुनी हुई कविताएँ, 2002

2003 में उन्होंने तुक्तकों और काव्यात्मक चुटकलों का एक संग्रह 'बड़े बच्चों के लिए तुकें' नाम से प्रकाशित किया है।

उनकी कविताओं का अंग्रेजी, जर्मन, स्वीडिश, इतालवी, डैनिश, हिब्रू, हंगारियन, चैक, स्लोवाक, सेर्बो-क्रोएशियन, रूमानियन, बलगारियन, फ़ारसी और हिन्दी में अनुवाद हुआ है।

षिम्बोर्स्का को उनकी कविता के लिए अनेक साहित्यिक और सामाजिक पुरस्कार मिले हैं। वे इस प्रकार हैं :

गोएटे पुरस्कार, 1991
हेर्डर पुरस्कार, 1995
पोज़्नन विश्वविद्यालय से डाक्टोरेट की मानद उपाधि, 1995
पोलिश पेन क्लब पुरस्कार, 1996
नोबेल पुरस्कार, 1996
क्राकूव नगर की मानद नागरिकता, 1998
अमरीकी अकादेमी आव आर्ट्स एण्ड लैटर्स की मानद सदस्यता, 1999